보호직 2025년 대비

형사정책 동형
모의고사
200제

김옥현 편저

도서출판 연

이 책의 특징

1. 이 교재는 실제 시험에서 **출제 가능성이 많은 문제**만을 선별하였고, 해설을 쉽고 상세하게 하여 **효율성과 이해력**을 높이는 데 중점을 두었다.

2. 이 교재는 반복을 통하여 **효율적인 암기**가 이루어질 수 있도록 선지에 대해 상세한 해설을 덧붙임으로써 문제와 해설을 통하여 **고득점을 위한 충분한 준비**가 될 수 있도록 하였다.

3. 이 교재는 그간의 각종 시험의 **기출문제**를 적절하게 반영하면서도 새로운 시험과목으로 시작된 보호직 형사정책에서 **예상되는 출제경향**에 맞추어 상당수의 문제를 새롭게 출제하여 고득점의 합격 점수를 득점할 수 있도록 하였다.

4. 이 교재는 **최종 단계의 교재**인 점을 감안하여 웬만큼 준비가 되어 있다면 누구나 쉽게 득점할 수 있는 **하급 난이도의 내용은 최소한으로만** 포함시키고, 실제 시험에서 당락을 가르는 데 중요한 역할을 할 수 있는 **중·상급 난이도의 문제 중심**으로 구성하여 치열한 경쟁력을 뚫고 최종 합격할 수 있을 정도의 **수준 높은 준비**를 하는 데 초점을 맞추었다.

5. 이 교재는 그간에 공부하였던 기본서와 객관식 기출·예상문제를 실제 문제와 동일한 형식의 동형모의고사 문제와 해설을 통하여 **반복하는 효과**는 물론이고 **헷갈림과 착각을 극복하는 효과**까지 높일 수 있도록 과학적인 학습 원리에 맞춰 총정리 할 수 있게 구성하였다.

이 교재와 강의를 통하여 충실하게 준비하여 온 수험생 한 사람 한 사람의 확실한 합격을 기원합니다.

합격률 1위 강사 김옥현

CONTENTS

보호직 동형 모의고사 문제

제1회 보호직 동형 모의고사 ·· 7

제2회 보호직 동형 모의고사 ·· 15

제3회 보호직 동형 모의고사 ·· 25

제4회 보호직 동형 모의고사 ·· 35

제5회 보호직 동형 모의고사 ·· 45

제6회 보호직 동형 모의고사 ·· 55

제7회 보호직 동형 모의고사 ·· 63

제8회 보호직 동형 모의고사 ·· 73

제9회 보호직 동형 모의고사 ·· 83

제10회 보호직 동형 모의고사 ·· 93

보호직 동형 모의고사 정답 및 해설

제1회 보호직 동형 모의고사 해설 ·· 105

제2회 보호직 동형 모의고사 해설 ·· 112

제3회 보호직 동형 모의고사 해설 ·· 118

제4회 보호직 동형 모의고사 해설 ·· 123

제5회 보호직 동형 모의고사 해설 ·· 130

제6회 보호직 동형 모의고사 해설 ·· 136

제7회 보호직 동형 모의고사 해설 ·· 141

제8회 보호직 동형 모의고사 해설 ·· 147

제9회 보호직 동형 모의고사 해설 ·· 153

제10회 보호직 동형 모의고사 해설 ·· 160

제1회 보호직 동형 모의고사

01 「치료감호 등에 관한 법률」에서 규정하고 있는 보안처분제도가 아닌 것은?
① 보호감호
② 치료감호
③ 치료명령
④ 보호관찰

02 실증주의 범죄학파의 기본입장에 대한 설명으로 가장 적절한 것은?
① 인간을 자유로운 의사에 따라 합리적으로 결정하여 행동할 수 있는 이성적 존재로 인식한다.
② 합의의 결과물인 실정법에 반하는 행위를 범죄로 규정하고, 범죄에 상응하는 제재(처벌)를 부과하여야 한다고 본다.
③ 일반시민에 대한 형벌의 위하효과를 통해 범죄예방을 추구한다.
④ 인간의 행동은 개인적 기질과 다양한 환경요인에 의하여 통제되고 결정된다고 본다.

03 「소년법」상 보호처분에 관한 설명으로 가장 적절하지 않은 것은?
① 소년부판사가 결정으로써 하는 사법처분이다.
② 장기보호관찰의 기간은 2년으로 하되, 보호관찰관의 신청이 있는 경우 1년의 범위 안에서 1차에 한하여 그 기간을 연장할 수 있다.
③ 처분 시 14세 이상의 소년에 대하여는 사회봉사명령을, 12세 이상 소년에 대하여는 수강명령을 결정할 수 있고, 처분 시 부과하는 사회봉사명령은 200시간을, 수강명령은 100시간을 초과할 수 없다.
④ 사회봉사명령이나 수강명령은 보호관찰과 병행해서만 집행할 수 있다.

04 브랜팅햄과 파우스트(Brantingham & Faust)의 범죄예방 모델에 대한 다음 설명 중 가장 적절하지 않은 것은?
① 브랜팅햄과 파우스트의 범죄예방 모델은 질병 예방의 보건의료 모형을 본보기로 삼아 제시되었다.
② 시카고지역 프로젝트는 초기 범죄예방 사례로서 1차적 범죄예방에 해당한다.
③ 2차적 범죄예방은 대부분 형사사법기관에 의해 이루어진다.
④ 잠재적 범죄자를 조기에 예측하고 이들이 범죄행위를 저지르기 전에 예방 조치하려는 시도는 2차적 범죄예방에 해당한다.

05 전환 제도(Diversion)에 대한 설명으로 가장 적절하지 않은 것은?
① 전환 제도는 형사사법제도에 융통성을 부여해 범죄인에 대하여 보다 적절한 대응을 하고, 범죄 사건을 효과적으로 처리할 수 있도록 하는 형사사법의 탈 제도화를 의미한다.
② 경찰 단계에서의 전환 제도로는 훈방, 경고, 통고처분, 보호기관 위탁 등이 있다.
③ 전환 제도는 형사사법 절차에서 공정성과 적법절차의 원리를 강화하기 위한 것이다.
④ 전환 제도는 낙인이론의 산물로서 성인 형사사법에서보다는 소년 형사사법에서 더욱 유용한 제도로 평가된다.

06 다음 중 슈나이더(Schneider)의 정신병질에 대한 10가지 분류에 대한 설명으로 가장 옳지 않은 것은?
① 의지박약성 – 모든 환경에 저항을 상실하여 우왕좌왕하고, 지능이 낮은 성격적 특징을 가지고 있으며, 인내심과 저항력이 빈약하다. 상습범, 누범에서 이러한 정신병질이 많이 발견된다.
② 기분이변성 – 기분 동요가 많아서 예측이 곤란하고, 폭발성과 유사하나 정도가 낮은 특징을 가지고 있다. 방화범, 상해범에서 이러한 정신병질이 많이 발견된다.
③ 무력성 – 심신의 부조화 상태를 호소하여 타인의 동정을 바라고 신경질적인 특징을 보이며, 범죄와의 관련성이 높다.
④ 발양성 – 자신의 운명과 능력에 대해 과도하게 낙관적이며, 경솔하고 불안정한 특징을 보인다. 상습사기범과 무전취식자 등에서 이러한 정신병질이 많이 발견된다.

07 범죄학의 연구 방법에 대한 다음 설명 중 가장 적절하지 않은 것은?
① 범죄통계를 이용하는 연구 방법은 두 변수 사이의 2차원적 관계 수준의 연구를 넘어서기는 어렵다는 한계가 있으나, 피해자조사 등 설문조사를 통한 연구는 두 변수 사이의 관계를 넘어서는 다변량 관계를 살펴볼 수 있다는 장점이 있다.
② 일반적으로 양적 연구는 질적 연구에 비해 연구 결과의 외적 타당성을 확보하기 용이다는 장점이 있다.
③ 실험 연구는 연구자가 필요한 조건을 통제함으로써 외적 타당성을 확보하기 쉽다.
④ 사례연구나 참여적 관찰법은 연구 결과를 일반화하기 어렵다는 단점이 있다.

08 시카고학파인 쇼(Shaw)와 맥케이(McKay)가 수행한 연구의 결과로 가장 적절하지 않은 것은?
① 동심원 지대 거주민의 인종이나 민족이 바뀌면 해당 지역의 범죄율도 함께 변한다는 사실을 발견하였다.
② 시카고 시(市)의 동심원 지대 사이에 고정적이고 뚜렷한 범죄율의 차이가 있음을 발견하였고, 이 중 전환적 지대(transitional zone)에서 범죄율이 가장 높게 나타났다.
③ 범죄연구를 위해 새로운 변수로 도시의 생태학을 도입하였다.
④ 범죄는 개인적 차이에 의한 것이라기보다는 환경적인 요인들이 범죄의 근원적인 원인이라고 주장하였다.

09 코헨(Cohen)의 비행하위문화이론에 대한 설명으로 가장 적절하지 않은 것은?
① 주로 갈등이론의 틀을 빌어 비행하위문화의 형성과정 및 유래를 제시한다.
② 하위계층 비행청소년들의 비행적 하위문화가 집단 자치적·비실리적이고, 악의적·부정적이며 단기쾌락주의적 특성을 갖는다고 하였다.
③ 중간계층의 문화에 잘 적응하지 못하는 하위계층 청소년들이 하위문화 형성을 통해 문제를 해결하고자 하는 과정을 문화적 혁신이라고 하였다.
④ 경제적 목표와 수단 사이의 괴리가 긴장을 유발하는 것이 아니라 중간계급의 문화적 가치에 대한 부적응이 긴장을 유발한다고 하였다.

10 범죄 원인에 대한 미시환경이론 또는 사회과정이론(Social Process Theory)의 설명으로 가장 적절하지 않은 것은?
① 법 위반에 대한 호의적 정의를 학습할수록 범죄를 저지를 가능성이 커진다.
② 아동기에 형성된 자기 통제력이 낮을수록 범죄를 저지를 가능성이 커진다.
③ 부모와의 정서적 유대관계가 약할수록 범죄를 저지를 가능성이 커진다.
④ 중산층 문화에 적응하지 못한 하위계층 출신 소년들이 자기를 궁지에 빠뜨렸던 문화·가치체계와는 정반대의 문화를 만든다.

11 자유형 중 부정기형 제도에 대한 설명으로 가장 적절하지 않은 것은?
① 정기형보다 더욱 수형자의 교화 개선 의욕을 촉진할 수 있다.
② 책임을 초과하는 형벌을 가능하게 하여 책임주의에 반하는 문제가 있다.
③ 상대적 부정기형은 죄형법정주의에 위반된다.
④ 우리나라에서는 성인 범죄자에 대하여는 인정하지 않는다.

12 범죄피해에 관한 이론들의 내용으로 가장 적절하지 <u>않은</u> 것은?
① 생활양식·노출 이론(Lifestyle-Exposure Theory)은 인구통계학적·사회구조적 요인이 개인별 생활양식의 차이를 야기하고 이러한 생활양식의 차이가 범죄피해 가능성의 차이로 이어진다고 본다.
② 코헨(Cohen)과 펠슨(Felson)의 일상 활동 이론(Routine Activity Theory)은 사람들의 일상 활동에 영향을 미친 사회변화에 관한 거시적 차원의 고찰이 없다는 비판을 받는다.
③ 코헨(Cohen)과 펠슨(Felson)의 일상 활동 이론(Routine Activity Theory)은 동기가 부여된 범죄자, 적합한 표적(범행 대상), 보호(감시)의 부재라는 세 가지 요소가 같은 시간 같은 장소에 하나로 모아질 때 범죄피해가 발생한다고 본다.
④ 펠슨(Felson)은 경찰과 같은 공식적 감시자의 역할보다 가족, 이웃, 지역사회 등 비공식적 통제 수단에 의한 범죄예방과 억제를 강조하였다.

13 환경설계를 통한 범죄예방(CPTED)에 관한 설명으로 가장 적절하지 <u>않은</u> 것은?
① 셉테드(CPTED)는 주거 및 도시지역의 물리적 환경설계 또는 재설계를 통해 범죄 기회를 감소시키고자 하는 기법이다.
② 셉테드(CPTED)의 기본원리 중 자연적 감시는 사적 공간에 대한 경계를 제거하여 주민들의 책임 의식과 소유의식을 감소시킴으로써 사적 공간에 대한 관리권을 약화시키는 원리이다.
③ 뉴먼(Newman)은 방어공간의 4가지 구성요소로 영역성, 자연적 감시, 이미지, 환경을 제시하였다.
④ 셉테드(CPTED)의 기본원리 중 자연적 접근통제는 일정한 지역에 접근하는 사람들을 정해진 공간으로 유도하거나 외부인의 출입을 통제하도록 설계함으로써 접근에 대한 심리적 부담을 증대시켜 범죄를 예방하려는 원리이다.

14 각 유형별 범죄에 대한 설명으로 가장 적절하지 <u>않은</u> 것은?
① 화이트칼라범죄(white-collar crime)는 서덜랜드(Sutherland)가 최초로 연구하였으나, 오늘날에는 어떠한 범죄의 화이트칼라 범죄 여부는 범죄자의 사회적 지위만으로 판단할 수 있는 것이 아니다.
② 혐오(증오)범죄란 피해자에 대한 개인적 원한 또는 복수심이 원인이 되어 발생하는 범죄를 말한다.
③ 일상생활에 도움이 필요한 아동과 노인을 적절히 돌보지 않는 행위도 가정폭력의 범주에 포함될 수 있다.
④ 약물남용의 유형은 주로 마약, 향정신성의약품, 대마 등으로 분류할 수 있다.

15 다음의 내용은 범죄예측 방법 중 어느 것에 해당되는가?

> 이 방법은 대상자의 소질과 인격 전체에 대한 구체적인 상황을 분석하여 그 사람의 성향을 전문적 경험에 의해 예측하는 방법이다. 이는 대상자에게 내재되어 있는 특수성이나 개인의 편차까지 집중적으로 관찰할 수 있는 장점이 있는 반면, 판단자의 자료해석 오류가능성이나 주관적 평가가 개입될 위험으로 인해 객관성이 떨어질수 있고, 비용이 많이 든다는 단점이 있다.

① 직관적 관찰법
② 임상적 예측법
③ 통계적 예측법
④ 통합적 예측법

16 소년범죄의 처리원칙에 대한 설명으로 가장 적절한 것은?
① 소년 보호 조치를 할 때 소년 개개인을 독립된 단위로 하여 독자적인 사건으로 취급해야 한다.
② 비행소년의 처우는 법률전문가인 법관에 의한 분석과 검토만을 고려해서 결정해야 한다.
③ 소년 보호 절차에서는 객관적 판단이 중요하므로 개인적 환경 특성에 대한 판단을 최소화하고 비행사실 자체에 중점을 두어야 한다.
④ 소년 범죄자에 대해서는 시설 내 처우를 우선적으로 고려하여야 한다.

17 다음 중 「소년법」상 소년형사사건에 대한 설명으로 가장 옳지 않은 것은?
① 징역 또는 금고를 선고받은 소년에 대하여는 특별히 설치된 교도소 또는 일반 교도소 안에 특별히 분리된 장소에서 그 형을 집행한다. 다만, 소년이 형의 집행 중에 19세가 되면 일반 교도소에서 집행할 수 있다.
② 징역 또는 금고를 선고받은 소년에 대하여는 무기형에서 5년, 15년 유기형에는 3년, 부정기형에는 단기의 3분에 1이 경과하면 가석방을 허가할 수 있다.
③ 보호처분이 계속 중일 때, 징역, 금고 또는 구류를 선고받은 소년에 대하여는 먼저 그 형을 집행한다.
④ 죄를 범할 당시 18세 미만인 소년에 대하여 사형 또는 무기형으로 처할 경우에는 15년의 유기징역으로 한다.

18 다음 중 「범죄피해자 보호법」의 구조금 지급에 관한 설명으로 옳은 것은?

① 구조피해자나 유족이 해당 구조대상 범죄피해를 원인으로 하여 손해배상을 받았으면 그 범위에서 구조금을 지급하지 아니할 수 있다.
② 외국인이 구조피해자이거나 유족인 경우에도 구조금을 지급하여야 한다.
③ 유족구조금을 받을 유족 중 부모의 경우 양부모를 선순위로 하고 친부모를 후순위로 한다.
④ 범죄피해 구조금을 받은 사람이 거짓이나 그 밖의 부정한 방법으로 범죄피해 구조금을 받은 경우, 국가는 범죄피해구조심의회 또는 범죄피해구조본부심의회의 결정을 거쳐 그가 받은 범죄피해 구조금의 전부를 환수해야 한다.

19 다음 중 가석방 제도에 대한 설명으로 가장 옳은 것은?

① 가석방된 자가 보호관찰의 준수사항을 위반한 때에는 가석방처분을 취소하여야 한다.
② 가석방은 특별예방보다는 일방예방을 중시하는 제도이다.
③ 가석방처분이 취소된 경우에도 가석방 중의 일수는 형기에 산입할 수 있다.
④ 가석방된 자는 가석방기간 중 보호관찰을 받는다. 다만, 가석방을 허가한 행정관청이 필요가 없다고 인정한 때에는 그러하지 아니하다.

20 다음 중 「전자장치 부착 등에 관한 법률」상 전자장치 부착 명령에 대한 설명으로 가장 옳지 않은 것은?

① 전자장치 부착명령은 검사의 지휘를 받아 보호관찰관이 집행한다.
② 전자장치 부착명령의 임시해제 신청은 부착명령의 집행이 개시된 날부터 3개월이 경과한 후에 하여야한다.
③ 전자장치가 부착된 자는 주거를 이전하거나 7일 이상의 국내 여행을 하거나 출국할 때에는 미리 보호관찰관의 허가를 받아야 한다.
④ 스토킹범죄, 성폭력범죄, 미성년자 대상 유괴범죄, 살인범죄, 강도범죄 및 방화범죄가 전자장치 부착 대상범죄이다.

제2회 보호직 동형 모의고사

01 다음 〈보기〉에서 현행 「소년법」에 규정된 보호처분 중 그 기간을 연장할 수 있는 것을 모두 고른 것은?

> ㉠ 보호관찰관의 장기 보호관찰
> ㉡ 「아동복지법」에 따른 아동복지시설이나 그 밖의 소년보호시설에 감호 위탁
> ㉢ 보호자 또는 보호자를 대신하여 소년을 보호할 수 있는 자에게 감호 위탁
> ㉣ 「보호소년 등의 처우에 관한 법률」에 따른 의료재활소년원에 위탁
> ㉤ 소년분류심사원에 위탁

① ㉠, ㉡
② ㉠, ㉢
③ ㉠, ㉡, ㉢, ㉤
④ ㉠, ㉡, ㉢, ㉣

02 다음 중 범죄예측에 대한 설명으로 옳지 않은 것은?
① 수사단계에서의 범죄예측은 수사를 종결하면서 범죄자에 대한 처분을 내리는 데에 중요한 역할을 할 수 있다.
② 통계적 예측방법은 여러 자료를 통하여 범죄예측요인을 수량화함으로써 점수의 비중에 따라 범죄 또는 비행을 예측하는 것으로 점수법이라고도 한다.
③ 임상적 예측방법은 전문가의 개인적 판단을 배제할 수 있는 장점이 있다.
④ 글룩(Glueck)부부는 범죄예측과 관련하여 가중실점방식이라는 조기예측방법을 창안하였다.

03 다음 중 형의 선고유예, 집행유예에 대한 설명으로 가장 옳지 않은 것은?
① 판례에 따르면 집행유예기간의 시기(始期)에 관하여 명문의 규정을 두고 있지 않으므로 법원은 그 시기를 집행유예를 선고할 판결 확정일 이후에 시점으로 임의로 선택할 수 있다.
② 집행유예의 선고를 받은 자가 유예기간 중 고의로 범한 죄로 금고 이상의 실형을 선고받아 그 판결이 확정된 때에는 집행유예의 선고는 효력을 잃는다.
③ 형의 선고유예를 받은 날로부터 2년을 경과한 때에는 면소된 것으로 간주한다.
④ 형의 선고를 유예하는 경우에 재범방지를 위하여 지도 및 원호가 필요한 때에는 1년의 보호관찰을 받을 것을 명할 수 있다.

04 다음 중 일상활동이론(routine activities theory)의 범죄발생 요소에 해당하지 <u>않는</u> 것은?

① 동기화된 범죄자(motivated offenders)
② 비범죄적 대안의 부재(absence of non-criminal alternatives)
③ 적절한 대상(suitable targets)
④ 보호의 부재(absence of capable guardians)

05 다음 중 깨어진 유리창 이론(Broken Windows Theory)에 대한 설명으로 가장 옳지 <u>않은</u> 것은?

① 범죄가 많은 지역일수록 공동체의 응집력 수준인 집합효율성이 낮다.
② 종래의 형사정책이 범죄자 개인에 집중하는 개인주의적 관점을 취한다는 점을 비판하고, 공동체적 관점으로서의 전환을 주장한다.
③ 경찰의 역할로서 지역사회의 물리적·사회적 무질서를 집중적으로 다룰 것을 강조한다.
④ 개인의 자유와 권리, 법의 지배라는 기본적 가치가 상실될 수 있다는 비판의 소지가 있다.

06 다음 중 밀러(Miller)의 하류계층 하위문화이론에 대한 설명으로 가장 옳지 <u>않은</u> 것은?

① 하류계층의 비행이 반항도 혁신도 아닌 그들만의 독특한 관심의 초점을 따르는 동조행위라고 보았다.
② 하류계층의 비행을 중류층에 대한 반발에서 비롯된 것이라는 코헨(Cohen)의 주장에 반대하고 그들만의 독특한 하류계층문화 자체가 집단비행을 발생시킨다고 보았다.
③ 하위계층 청소년들의 비행 원인을 지위좌절, 반항 형성, 하위문화의 형성으로 설명한다.
④ 하류계층의 대체문화가 갖는 상이한 가치는 지배계층의 문화와 갈등을 초래하며, 지배집단의 문화와 가치에 반하는 행위들이 지배계층에 의해 범죄적·일탈적 행위로 간주된다고 주장하였다.

07 다음 〈보기〉는 사이크스(Sykes)와 마차(Matza)의 중화기술에 관한 내용이다. 이에 해당되는 유형은 무엇인가?

> 경찰이나 법관들은 부패한 공무원들이고, 학교 선생님들은 학부모로부터 촌지를 받는 돈의 노예들이며, 부모는 자신의 무능을 자식들을 대상으로 분풀이하는 사람들이기 때문에 자신의 비행을 나무랄 자격이 없다고 하면서 죄책감이나 수치심을 억누른다.

① 책임의 부정(Denial of Responsibility)
② 가해의 부정 (Denial of Injury)
③ 비난자에 대한 비난(Condemnation of the Condemners)
④ 피해자의 부정 (Denial of Vietim)

08 다음 중 갓프레드슨(Gottfredson)과 허쉬(Hirschi)의 자기통제이론에 대한 설명으로 가장 옳지 않은 것은?

① 범죄를 설명함에 있어 청소년기에 경험하는 다양한 환경적 영향요인을 충분히 고려하지 않는다는 비판이 제기되어 왔다.
② 갓프레드슨과 허쉬는 어린 시절 형성된 자기통제능력의 결핍이 범죄의 원인이라고 주장하였다.
③ 갓프레드슨과 허쉬는 성인기 사회유대의 정도가 한 개인의 자기통제능력을 변화시킬 수 있다고 주장하였다.
④ 갓프레드슨과 허쉬는 자기통제능력의 상대적 수준이 부모의 양육방법으로부터 큰 영향을 받는다고 주장하였다.

09 다음 중 낙인이론에 대한 설명으로 가장 옳지 않은 것은?

① 슈어(Schur)는 이차적 일탈로의 발전은 정형적인 것이 아니며 사회적 반응에 대한 개인의 적응 노력에 따라 달라질 수 있다고 주장하였다.
② 베커(Becker)는 일탈자라는 낙인은 그 사람의 지위를 대변하는 주된 지위가 되어 다른 사람들과의 상호작용에 부정적인 영향을 미치는 요인이 되는 것으로 설명하였다.
③ 형사사법기관의 역할에 대해 회의적이며, 공식적 낙인은 사회적 약자에게 차별적으로 부여될 가능성이 높다고 본다.
④ 레머트(Lemart)는 일탈행위에 대한 사회적 반응은 크게 사회구성원에 의한 것과 사법기관에 의한 것으로 구분할 수 있고, 현대사회에서는 사회구성원에 의한 것이 가장 권위 있고 광범위한 영향력을 행사하는 것으로 보았다.

10 다음 중 학자와 그 주장의 내용이 가장 옳지 <u>않은</u> 것은?
① 나이(Nye)는 가정을 사회통제의 가장 중요한 근본이라고 주장하였다.
② 레크리스(W.Reckless)의 봉쇄이론(Containment Theory)은 청소년비행의 요인으로 내적 배출요인과 외적 유인요인이 있다고 하였다.
③ 코헨(Cohen)의 비행하위문화이론은 중산계층이나 상류계층 출신이 저지르는 비행이나 범죄를 설명하지 못하는 한계가 있다.
④ 클로워드(Cloward)와 오린(Ohlin)의 범죄적 하위문화는 합법적인 기회구조와 비합법적인 기회구조 모두가 차단된 상황에서 폭력을 수용한 경우에 나타나는 하위문화이다.

11 다음 중 범죄 원인에 대한 설명으로 가장 옳은 것은?
① 퀴니(Quinney)는 대항범죄(Crime of resistance)의 예로 강·절도, 폭행을 들고 있다.
② 허쉬(Hirschi)의 사회통제이론에서 규범준수에 따른 사회적 보상에 얼마나 관심을 갖는가와 관련된 것은 관여(Commitment)에 의해 설명할 수 있다.
③ 중화기술이론에서 자기 행위로 인하여 피해를 본 사람이 있을지 모른다는 것을 인정하면서도 그런 사람은 피해를 입어도 마땅하다고 자기 행위를 합리화하는 기술은 가해의 부정에 해당한다.
④ 레크리스(W.Reckless)는 범죄를 유발하는 외적 유인요인으로 열악한 생활조건·가족 갈등·성공기회의 박탈·열등한 신분적 지위 등을 들고 있다.

12 슈나이더(Schneider)의 정신병질에 대한 10가지 분류에 관해 기술한 것이다. 가장 적절한것은?
① 폭발성 - 모든 환경에 저항을 상실하여 우왕좌왕하고, 지능이 낮은 성격적 특징을 가지고 있으며, 인내심과 저항력이 빈약하다. 상습범, 누범에서 이러한 정신병질이 많이 발견된다.
② 기분이변성 - 기분 동요가 많아서 예측이 곤란하고, 폭발성과 유사하나 정도가 낮은 특징을 가지고 있다. 크래펠린이 '욕동인'이라고 부른 것이 이에 해당한다. 방화범, 상해범에서 이러한 정신병질이 많이 발견된다.
③ 무정성 - 심신의 부조화 상태를 호소하여 타인의 동정을 바라고 신경질적인 특징을 보이나, 범죄와의 관련성은 적다.
④ 발양성 - 자신의 운명과 능력에 대해 과도하게 비관적이며, 경솔하고 불안정한 특징을 보인다. 실현 가능성이 없는 약속을 남발하기도 한다. 상습사기범과 무전취식자 등에서 이러한 정신병질이 많이 발견된다.

13 다음 중 화이트칼라범죄에 대한 설명으로 가장 옳지 <u>않은</u> 것은?
① 서덜랜드(Sutherland)에 따르면 사회적 지위가 높은 사람이 그 직업 활동과 관련하여 행하는 범죄로 정의된다.
② 범죄행위의 적발이 쉽지 않고 증거수집에 어려움이 있다.
③ 암수범죄의 비율이 높고 선별적 형사소추가 문제되는 범죄유형이다.
④ 범죄로 인한 피해의 규모가 크기 때문에 행위자는 죄의식이 크고 일반인은 범죄의 유해성을 심각하게 생각하는 것이 특징이다.

14 다음 중 암수 범죄에 대한 설명으로 가장 옳지 <u>않은</u> 것은?
① 암수범죄란 실제로 발생하였지만 범죄통계에 포착되지 않은 범죄를 말한다.
② 신고에 따른 불편, 수사기관 출두의 번거로움, 보복의 두려움은 절대적 암수범죄의 발생 원인이다.
③ 수사기관의 낮은 검거율과 체증력, 법집행기관의 자의적 판단은 상대적 암수범죄의 발생원인이다.
④ 피해자가 특정되지 않거나 직접적 피해자만 존재하는 경우, 암수범죄가 발생하기 쉽다.

15 다음 중 이탈리아 실증주의 범죄인류학파에 대한 설명으로 가장 옳지 <u>않은</u> 것은?
① 롬브로조(Lombroso)는 자유의지에 따라 이성적으로 행동하는 인간을 전제로 하여 범죄의 원인을 자연과학적 방법으로 분석하였다.
② 페리(Ferri)는 범죄포화의 법칙을 주장하였으며 사회적·경제적·정치적 요소도 범죄의 원인이라고 주장하였다.
③ 가로팔로(Garofalo)는 범죄의 원인으로 심리적 측면을 중시하여 이타적 정서가 미발달한 사람일수록 범죄를 저지르는 경향이 있다고 하였다.
④ 생래적 범죄인에 대한 대책으로 롬브로조(Lombroso)는 사형을 찬성하였지만 페리(Ferri)는 사형을 반대하였다.

16 다음 중 고전학파 범죄이론에 대한 설명으로 가장 옳지 <u>않은</u> 것은?
① 고전학파는 범죄의 원인보다 형벌 제도의 개혁에 더 많은 관심을 기울였다.
② 고전주의 범죄학은 계몽주의 시대사조 속에서 중세 형사사법 시스템을 비판하며 태동하였고, 근대 형사사법 개혁의 근간이 되는 이론적 토대를 제공하였다.
③ 파놉티콘(Panopticon) 교도소를 구상하여 이상적인 교도행정을 추구하였다.
④ 인간의 합리적인 이성을 신뢰하지 않고 범죄원인을 개인의 소질과 환경에 있다고 하는 결정론을 주장하였다.

17 「보호관찰 등에 관한 법률」상 보호관찰 대상자의 준수사항에 해당하지 <u>않는</u> 것은?
① 주거지에 상주하고 생업에 종사할 것
② 보호관찰관의 지도·감독에 따르고 방문하면 응대할 것
③ 주거를 이전하거나 10일 이상 국내외 여행을 할 때에는 미리 보호관찰관에게 신고할 것
④ 범죄로 이어지기 쉬운 나쁜 습관을 버리고 선행을 하며 범죄를 저지를 염려가 있는 사람들과 교제하거나 어울리지 말 것

18 「보호소년 등의 처우에 관한 법률」상 보호장비의 사용에 대한 설명으로 옳은 것만을 모두 고르면?

> ㉠ 보호장비는 필요한 최소한의 범위에서 사용하여야 하며, 보호장비를 사용할 필요가 없게 되었을 때에는 지체 없이 사용을 중지하여야 한다.
> ㉡ 원장은 보호소년 등이 위력으로 소속 공무원의 정당한 직무집행을 방해하는 경우에는 소속 공무원으로 하여금 가스총을 사용하게 할 수 있다. 이 경우 사전에 상대방에게 이를 경고하여야 하나, 상황이 급박하여 경고할 시간적인 여유가 없는 때에는 그러하지 아니하다.
> ㉢ 원장은 보호소년 등이 자살할 우려가 큰 경우에는 소속 공무원으로 하여금 보호소년 등에게 머리보호장비를 사용하게 할 수 있다.
> ㉣ 원장은 법원 또는 검찰의 조사·심리, 이송, 그 밖의 사유로 호송하는 경우에는 소속 공무원으로 하여금 보호소년 등에 대하여 수갑, 포승 또는 보호대 외에 가스총이나 전자충격기를 사용하게 할 수 있다.

① ㉠, ㉡
② ㉡, ㉣
③ ㉠, ㉡, ㉢
④ ㉠, ㉢, ㉣

19 「소년법」상 보호사건의 조사와 심리에 대한 설명으로 옳지 않은 것은?

① 소년부 판사는 조사관에게 사건 본인, 보호자 또는 참고인의 심문이나 그 밖에 필요한 사항을 조사하도록 명할 수 있다.
② 소년이 소년분류심사원에 위탁된 경우 보조인이 없을 때에는 법원은 변호사 등 적정한 자를 보조인으로 선정하여야 한다.
③ 소년부 판사는 소년부 법원서기관·법원사무관·법원주사·법원주사보나 보호관찰관 또는 사법경찰관리에게 동행영장을 집행하게 할 수 있다.
④ 소년부는 조사 또는 심리를 할 때에 정신건강의학과 의사·심리학자·사회사업가·교육자나 그 밖의 전문가의 진단, 소년분류심사원의 분류심사 결과와 의견, 소년교도소의 조사 결과와 의견을 고려하여야 한다.

20 비범죄화(decriminalization)에 대한 설명으로 옳지 않은 것은?

① 형사사법 절차에서 형사처벌의 범위를 축소하는 것을 의미하며, 비범죄화의 예시로 간통죄, 혼인빙자간음죄, 낙태죄 등이 있다.
② 비범죄화는 형법의 보충적 성격을 강조하는 경향이며, 낙인효과를 감소시킨다.
③ 형사사법기관의 자원을 보다 효율적으로 활용하자는 차원에서 피해자 없는 범죄에 대한 비범죄화의 필요성이 주로 주장된다.
④ 비범죄화의 유형 중에서 사실상 비범죄화는 범죄였던 행위를 법률의 폐지 또는 변경으로 더 이상 범죄로 보지 않는 경우를 말한다.

제3회 보호직 동형 모의고사

01 「보호관찰 등에 관한 법률」상 조사제도에 대한 설명으로 옳지 않은 것은?
① 법원은 피고인에 대하여 「형법」 제59조의2 및 제62조의 2에 따른 보호관찰을 명하기 위하여 필요하다고 인정하면 그 법원의 소재지 또는 피고인의 주거지를 관할하는 보호관찰소의 장에게 피고인에 관한 사항의 조사를 요구할 수 있다.
② 법원은 「소년법」 제12조에 따라 소년 보호사건에 대한 조사 또는 심리를 위하여 필요하다고 인정하면 그 법원의 소재지 또는 소년의 주거지를 관할하는 보호관찰소의 장에게 소년의 품행, 경력, 가정상황, 그 밖의 환경 등 필요한 사항에 관한 조사를 의뢰할 수 있다.
③ 판결 전 조사 요구를 받은 보호관찰소의 장은 지체없이 이를 조사하여 서면 또는 구두로 해당 법원에 알려야 한다.
④ 법원은 판결 전 조사 요구를 받은 보호관찰소의 장에게 조사 진행 상황에 관한 보고를 요구할 수 있다.

02 사형폐지론을 주장한 학자만을 모두 고르면?
㉠ 롬브로소(C. Lombroso)
㉡ 루소(J. Rousseau)
㉢ 리프만(M. Liepmann)
㉣ 캘버트(E. Calvert)
㉤ 베카리아(C. Beccaria)

① ㉠, ㉡
② ㉠, ㉢
③ ㉠, ㉡, ㉢
④ ㉢, ㉣, ㉤

03 회복적 사법에 대한 설명으로 옳지 않은 것은?
① 범죄피해자의 피해를 복구하고 가해자를 사회에 복귀시키는 것이 목적이므로 처벌적이지 않고 인본주의적인 전략이다.
② 응보주의에 기초한 구금 위주 형벌정책의 대안으로 제시되어 지역사회 내에서 범죄자와 그 피해자의 재통합을 추구하며 공동체 의식을 강화하는 것을 목표로 한다.
③ 가해자는 배상과 교화의 대상으로서 책임을 수용하기보다는 비난을 수용하여야 한다고 주장한다.
④ 범죄를 개인과 국가 간의 갈등으로 보기보다 개인 간의 갈등으로 보며, 공익보다는 사적 잘못에 더욱 초점을 맞춘다.

04 다음에서 설명하는 이론을 주장한 학자는?

> ㉠ 미국 사회의 반사회적 행동을 미국 사회의 문화적이고 제도적인 영향의 결과라고 바라본다. 미국은 경제적 성공목표가 문화에 널리 퍼져있는데, 이를 아메리칸 드림이라고 부른다. 이 문화 사조는 경제 제도가 다른 사회제도들을 지배하여 '제도적 힘의 불균형' 상태를 만들어 낸다.
> ㉡ 상대적으로 높은 미국의 범죄율은 문화와 제도 사이의 상호관계로 설명할 수 있는데, 이에 따르면 범죄율은 경제가 번영하는 상황 아래서도 상승할 수 있다.

① 머튼(Merton)
② 코헨과 펠슨(Cohen & Felson)
③ 코니쉬와 클라크(Cornish & Clarke)
④ 메스너와 로젠펠드(Messner & Rosenfeld)

05 「소년법」 등의 적용 대상인 소년에 관한 설명으로 옳지 않은 것은?
① 「소년법」의 소년은 19세 미만이고, 「형법」상 형사미성년자는 14세가 되지 아니한 자이다.
② 「청소년 기본법」상 청소년은 9세 이상 24세 이하인 사람이고, 「청소년 보호법」상 청소년은 19세에 도달하는 연도의 1월 1일을 맞이한 자를 제외한 19세 미만자이다.
③ 우범소년에게는 형벌을 선고할 수 없고 「소년법」상의 보호처분도 할 수 없다.
④ 14세 미만의 촉법소년에게 형벌을 선고할 수는 없지만 「소년법」상의 보호처분은 할 수 있다.

06 클라워드(Cloward)와 올린(Ohlin)의 차별적 기회구조 이론(differential opportunity theory)에 대한 설명으로 옳지 않은 것은?
① 합법적 수단뿐만 아니라 비합법적 수단에 대해서도 차별적 기회를 고려하였다.
② 도피적 하위문화는 마약 소비 행태가 두드러지게 나타나는 갱에서 주로 발견된다.
③ 머튼의 아노미 이론과 서덜랜드의 차별접촉이론으로 하위문화 형성 과정을 설명하였다.
④ 비행적 하위문화를 갈등적 하위문화(conflict subculture), 폭력적 하위문화(violent subculture), 도피적 하위문화(retreatist subculture)로 구분하였다.

07 전자감시(electronic monitoring)제도에 대한 설명으로 옳지 <u>않은</u> 것은?
① 구금을 하지 않고도 무력화가 가능하다는 장점이 있다.
② 구금을 하지 않고 가능하므로 교정시설 수용인구의 과밀을 줄일 수 있다.
③ 프라이버시 침해 우려가 없고, 사법통제망이 지나치게 축소할 우려가 있다.
④ 대상자의 위치는 확인할 수 있으나 구체적인 행동은 통제할 수 없다는 한계가 있다.

08 사회학적 범죄이론들에 대한 다음 설명 중 가장 적절하지 <u>않은</u> 것은?
① 애그뉴(Agnew)는 거시적 수준의 사회구조 개념을 긴장과 스트레스라는 미시적·개인적 수준의 개념으로 치환하여 범죄의 원인을 설명한다.
② 스핏쩌(Spitzer)는 구조주의 이론을 주장하여 자본주의 모순에 관심을 가지고 일탈 및 범죄문제의 해결에 대해서도 현상 유지와 개혁주의적 해결을 거부하였다.
③ 슈벤딩거(Schwendinger) 부부는 범죄행위를 가늠하는 기준으로 법적 규정이 아니라 인권을 사용해야 한다고 주장하며, 범죄화되지 않은 광범위한 사회적 유해 행위에 대한 연구를 진행하였다.
④ 사회통제이론은 범죄에 대해 정(+)적으로 작용하는 유발 요인들만을 고려하고 부(-)적 통제요인을 고려하지 못하는 단점이 있다.

09 다음은 사이크스(Sykes)와 마차(Matza)의 중화 기술에 관한 내용이다. 해당되는 유형은 무엇인가?

> 차량 절도를 하면서 친구들 간의 의리 때문에 어쩔 수 없었다고 변명한다든지, 여성이 절도를 하면서 자기 가족을 위하여 그러한 행동을 할 수밖에 없었다고 하면서 그러한 행동을 합리화하고 있다.

① 책임의 부정(Denial of Responsibility)
② 피해의 부정(Denial of Injury)
③ 피해자의 부정(Denial of Victim)
④ 상위가치에 대한 호소(Appeal of Authorities)

10 갓프레드슨(Gottfredson)과 허쉬(Hirschi)의 자기통제이론에 대한 설명으로 가장 적절하지 <u>않은</u> 것은?

① 갓프레드슨과 허쉬는 성인기 사회유대의 정도가 한 개인의 자기통제능력을 변화시킬 수 있다고 주장한다.
② 자기통제능력의 상대적 수준이 학습이나 문화 전달과 같은 요인보다는 부모의 비효율적 양육과 부적절한 사회화로부터 큰 영향을 받는다고 주장한다.
③ 어린 시절에 형성된 낮은 자기통제능력이 모든 범죄의 원인이라고 보지만 자기통제가 결여된 사람도 범죄 기회가 주어지지 않는 한 범죄를 저지르지 않는다고 주장한다.
④ 범죄를 설명함에 있어 청소년기에 경험하는 다양한 환경적 영향요인을 충분히 고려하지 않는다는 비판이 제기되어 왔다.

11 낙인이론에 대한 설명 중 가장 적절하지 <u>않은</u> 것은?

① 레머트(Lemert)는 조직적이고 일관성 있게 일어나는 일차적 일탈을 막기 위해서는 지역사회의 관심과 역할이 중요하다고 주장하였다.
② 탄넨바움(Tannenbaum)은 「범죄와 지역공동체」(Crime and the Community, 1938)라는 저서에서 소년들이 지역사회로부터 범죄자로 낙인되는 과정을 묘사하였다.
③ 패터노스터(Paternoster)와 이오반니(Iovanni)에 의하면 낙인이론의 뿌리는 갈등주의와 상징적 상호작용이론으로 볼 수 있다.
④ 낙인이론에 따르면 범죄자의 인구통계학적 특성에 따라 낙인 가능성 및 정도가 달라질 수 있다.

12 법과 형사사법에 대한 갈등주의적 관점과 가장 거리가 <u>먼</u> 이론은?

① 챔블리스(Chambliss)의 마르크스주의 범죄이론
② 체스니-린드(Chesney-Lind)의 페미니스트 범죄이론
③ 터크(Turk)의 범죄화론
④ 메스너(Messner)와 로젠펠드(Rosenfeld)의 제도적아노미이론

13 「소년법」상 조건부 기소유예 제도에 대한 설명 중 옳지 <u>않은</u> 것은?

① 법정형이 1년 이하의 징역이나 금고 또는 벌금의 형에 해당하는 죄를 범한 경우에 한하여 이 제도를 활용할 수 있다.
② 협의의 불기소처분 대상(혐의 없음, 죄가 안됨) 사건은 조건부 기소유예의 대상에서 제외된다.
③ 검사는 조건부 기소유예 시 소년으로 하여금 소년의 선도·교육과 관련된 단체·시설에서 상담·교육·활동 등을 받게 할 수 있다.
④ 검사는 조건 이행에 대하여 소년과 소년의 법정대리인의 동의를 받은 경우에 한해 조건부 기소유예를 할 수 있다.

14 「전자장치 부착 등에 관한 법률」상 검사가 성폭력 범죄를 다시 범할 위험성이 있다고 인정되는 사람에 대하여 전자장치 부착 명령을 청구할 수 있는 사유로 명시되지 <u>않은</u> 것은?

① 성폭력범죄로 징역형의 실형을 선고받은 사람이 그 집행을 종료한 후 또는 집행이 면제된 후 10년 이내에 성폭력 범죄를 저지른 때
② 성폭력 범죄를 2회 이상 범하여(유죄의 확정판결을 받은 경우를 포함한다) 그 습벽이 인정된 때
③ 신체적 또는 정신적 장애가 있는 사람이 성폭력 범죄를 저지른 때
④ 19세 미만의 사람에 대하여 성폭력 범죄를 저지른 때

15 모피트(Moffitt)의 생애지속형 범죄자(life presistent) 일탈의 원인으로 옳은 것만을 모두 고르면?

> ㉠ 성숙의 차이(maturity gap)
> ㉡ 신경심리적 결함(neuropsychological deficit)
> ㉢ 사회모방(social mimicry)
> ㉣ 낮은 인지 능력(low cognitive ability)

① ㉠, ㉡   ② ㉡, ㉣
③ ㉠, ㉢   ④ ㉢, ㉣

16 「성폭력범죄자의 성충동 약물치료에 관한 법률」상 성폭력 수형자의 치료명령 청구 및 가석방에 대한 설명으로 옳지 않은 것은?

① 교도소·구치소의 장은 가석방 요건을 갖춘 성폭력 수형자에 대하여 약물치료의 내용, 방법, 절차, 효과, 부작용, 비용부담 등에 관하여 충분히 설명하고 동의 여부를 확인하여야 한다.
② 가석방 요건을 갖춘 성폭력 수형자가 약물치료에 동의한 경우 수용시설의 장은 지체 없이 수용시설의 소재지를 관할하는 지방검찰청의 검사에게 인적 사항과 교정성적 등 필요한 사항을 통보하여야 한다.
③ 수용시설의 장은 법원의 치료명령 결정이 확정된 성폭력 수형자에 대하여 가석방심사위원회에 가석방 적격심사를 신청하여야 한다.
④ 검사는 성폭력 수형자의 주거지 또는 소속 검찰청 소재지를 관할하는 교도소·구치소의 장에게 범죄의 동기 등 성폭력 수형자에 관하여 필요한 사항의 조사를 요청할 수 있다.

17 화이트칼라 범죄(White-collar Crime)에 대한 설명으로 옳지 않은 것은?

① 화이트칼라 범죄는 경제적·사회적 제도에 대한 불신감을 조장하여 공중의 도덕심을 감소시키고 나아가 기업과 정부에 대한 신뢰를 떨어뜨린다.
② 길거리 범죄보다 화이트칼라 범죄의 폐해가 심각한 것은 청소년 비행과 기타 하위계층 범인성의 표본이나 본보기가 된다는 사실이다.
③ 오늘날 화이트칼라 범죄의 존재와 현실을 부정하는 사람은 없으나, 대체로 초기 서덜랜드(Sutherland)의 정의보다는 그 의미를 좁게 해석하여 개념과 적용범위를 엄격하게 적용하려는 경향이 있다.
④ 화이트칼라 범죄는 피해 규모가 매우 크지만, 법률의 허점을 교묘히 이용하거나 권력과 결탁하여 조직적으로 은밀히 이뤄지기 때문에 암수 범죄가 많다.

18 범죄의 피해자에 대한 설명으로 옳지 않은 것은?
① 초기 피해자 관련 연구들은 피해자와 가해자의 상호작용과 이로 인한 범죄 유발·피해자의 책임 등을 강조하였고, 이에 대해서는 후에 피해자 비난에 집중했다는 비판을 받기도 하였다.
② 피해자는 제2심 공판절차에서는 사건이 계속된 법원에 「소송촉진 등에 관한 특례법」에 따른 피해배상을 신청할 수 없다.
③ 레크리스(Reckless)는 피해자의 도발을 기준으로 '가해자 – 피해자 모델'과 '피해자 – 가해자 – 피해자 모델'로 구분하고 있다.
④ 헨티히는 신체적·사회적·심리적 취약성을 기준으로 피해자를 13가지 유형으로 분류하였다.

19 「소년법」상 형사사건의 심판에 대한 설명으로 옳지 않은 것은?
① 소년이 법정형 장기 2년 미만의 유기형에 해당하는 죄를 범한 때에는 정기형을 선고한다.
② 범행 당시 만 19세 미만이었다 하더라도 제1심 또는 제2심 재판 진행 중에 성년자가 된 사실이 인정되면 법원은 정기형을 선고해야 한다.
③ 징역 또는 금고를 선고받은 소년에 대하여는 무기형의 경우에는 5년, 15년 유기형의 경우에는 3년, 부정기형의 경우에는 단기의 3분의 1의 기간이 각각 지나면 가석방을 허가할 수 있다.
④ 소년에 대한 부정기형을 집행하는 기관의 장은 형의 단기의 3분의 1이 지난 소년범의 행형성적이 양호하고 교정목적을 달성하였다고 인정되는 경우에는 검사의 지휘에 따라 그 형의 집행을 종료시킬 수 있다.

20 서덜랜드(Sutherland)의 차별접촉이론(Differential Association Theory)에서 제시하는 명제로 가장 적절하지 않은 것은?
① 범죄행위의 학습과정은 일반적 학습과정의 기제와 다르다.
② 범죄행위는 타인과의 의사소통에서 이루어지는 상호작용으로 학습된다.
③ 차별적 접촉은 교제의 빈도, 기간, 우선성, 강도에 있어 다양할 수 있다.
④ 범죄행위는 일반적인 욕구와 가치관으로 설명될 수 없다.

제4회 보호직 동형 모의고사

01 사이크스와 마차(Sykes & Matza)의 중화기술 이론의 사례에서 '책임의 부정'에 해당하는 것은?

① 기초수급자로 지정받지 못한 채 어렵게 살고 있던 중에 배가 고파서 편의점에서 빵과 우유를 훔쳤다고 주장하는 사람
② 성매수를 했지만 성인끼리 합의하여 성매매를 한 것이기 때문에 누구도 법적 책임을 질 필요가 없다고 주장하는 사람
③ 부정한 행위로 인하여 사회적 비난을 받는 사람의 차량을 파손하고 사회정의를 실현한 것이라고 주장하는 사람
④ 교통범칙금을 부과하는 경찰관에게 단속실적 때문에 함정단속을 한 것이 아니냐고 따지는 운전자

02 「보호관찰 등에 관한 법률」상 사회봉사명령에 대한 설명으로 옳지 않은 것은?

① 사회봉사명령 대상자가 그 집행 중 금고 이상의 형의 집행을 받게 된 때에는 해당 형의 집행이 종료·면제되거나 가석방된 경우 잔여 사회봉사명령을 집행하지 않는다.
② 보호관찰관은 사회봉사명령 집행의 전부 또는 일부를 국공립기관이나 그 밖의 단체에 위탁할 수 있다.
③ 법원은 형의 집행을 유예하는 경우, 500시간의 범위에서 기간을 정하여 사회봉사를 명할 수 있다.
④ 형의 집행유예 기간이 지난 때에는 사회봉사는 잔여 집행 기간에도 불구하고 종료한다.

03 「치료감호 등에 관한 법률」상 피치료감호자의 보호관찰에 대한 설명으로 옳지 않은 것은?

① 피치료감호자에 대한 치료감호가 가종료되면 보호관찰이 시작된다.
② 피치료감호자가 치료감호시설 외에서 치료받도록 법정대리인 등에게 위탁되었을 때 보호관찰이 시작된다.
③ 보호관찰의 기간은 3년으로 한다.
④ 피보호관찰자가 새로운 범죄로 금고 이상의 형의 집행을 받게 되었을지라도 보호관찰은 종료되지 아니하고 해당 형의 집행기간 동안 보호관찰기간은 정지된다.

04 브레이스웨이트(Braithwaite)의 재통합적 부끄럼주기 이론(reintegrative shaming theory)에 대한 설명으로 옳지 <u>않은</u> 것은?
① 재통합적 수치심 개념은 낙인이론, 하위문화이론, 기회이론, 통제이론, 차별접촉이론, 사회학습이론 등을 기초로 하고 있다.
② 해체적 수치심(disintegrative shaming)을 이용한다면 범죄자의 재범확률을 낮출 수 있으며, 궁극적으로는 사회의 범죄율을 감소시키는 효과를 기대할 수 있다.
③ 재통합적 수치심의 궁극적인 목표는 범죄자가 자신의 잘못을 진심으로 뉘우치고 사회로 복귀할 수 있도록 그들이 수치심을 느끼게 할 방법을 찾아내는 것이다.
④ 브레이스웨이트는 형사사법기관의 공식적 개입을 지양하며 가족·지역사회 지도자·피해자·피해자 가족 등 지역사회의 공동체 강화를 중시하는 '회복적 사법(restorative justice)'에 영향을 주었다.

05 엘리엇(Elliott)과 동료들의 통합이론(Integrated Theory)이 주장하는 내용으로 가장 적절한 것은?
① 노동자 계급 가정에서 양육된 청소년은 부모의 강압적 양육방식으로 인해 부모와의 유대관계가 약해져 범죄를 저지를 가능성이 크다.
② 사회유대가 강한 청소년일수록 성공기회가 제약되면 긴장을 느끼고 불법적 수단으로 목표를 달성하려 할 가능성이 크다.
③ 가부장적 가정은 양성평등적 가정보다 청소년비행에 있어 성별 차이가 크다.
④ 비행친구와의 유대일지라도 사회유대가 강한 청소년은 재범을 저지를 가능성이 작다.

06 샘슨(Sampson)과 라웁(Laub)의 생애과정이론(연령-단계이론)의 주장으로 가장 적절하지 <u>않은</u> 것은?
① 타고난 기질과 어린 시절의 경험이 범죄행위의 지속과 중단에 가장 큰 영향을 미친다.
② 행위자를 둘러싼 상황적·구조적 변화가 범죄로부터 단절된 삶으로 이끈다.
③ 생애과정을 통해 사회유대와 범죄행위가 서로 영향을 미친다.
④ 결혼, 취업, 군입대는 범죄궤적을 올바른 방향으로 바꾸는 인생의 변곡점이다.

07 범죄행위에 영향을 미치는 뇌와 신경전달물질에 관한 설명으로 가장 적절하지 <u>않은</u> 것은?

① 뇌의 변연계에 존재하는 편도체는 공포 및 분노와 관련되어 있다.
② 뇌의 전두엽은 욕구, 충동, 감정 관련 신경 정보를 억제하거나 사회적 맥락에 맞게 조절, 제어, 표출하게 하는 집행기능을 수행한다.
③ 세로토닌 수치가 너무 높을 경우 충동, 욕구, 분노 등이 제대로 통제되지 않을 수 있다.
④ 도파민 시스템은 보상 및 쾌락과 관련되어 있다.

08 다음은 범죄예방대책과 대표적인 범죄학 이론을 짝지은 것이다. 이 중 적절하게 연결된 것을 모두 고르면?

> ㈎ 범죄가 발생할 가능성이 많은 지역에 CCTV를 많이 설치하여 단속을 강화함
>   - 억제이론(Deterrence Theory)
> ㈏ 가벼운 범죄행위들을 형법 구성요건에서 삭제하기
>   - 자기통제이론(Self-Control Theory)
> ㈐ 지역주민들이 범죄문제 해결에 적극적으로 참여하도록 유도하는 것
>   - 집합효율성이론(Collective Efficacy Theory)
> ㈑ 거리의 조명을 더욱 밝게 하고 방범용 비상벨을 많이 설치함
>   - 허쉬의 사회통제이론(Social Control Theory)
> ㈒ 거리 정비, 시민 계도와 함께 지역 내 무질서 행위를 철저히 단속하는 것
>   - 깨어진 유리창 이론(Broken Windows Theory)

① ㈎, ㈐, ㈑
② ㈎, ㈐, ㈒
③ ㈎, ㈑, ㈒
④ ㈏, ㈐, ㈒

09 회복적 사법에 대한 설명 중 가장 적절하지 <u>않은</u> 것은?

① 최초의 공식적인 회복적 사법 프로그램은 미국 오하이오 주에서 도입된 피해자-가해자 화해프로그램(victim-offender mediation)이다.
② 가족집단 회합모델(family group conference)은 뉴질랜드 마오리족의 전통에서 유래하였다.
③ 써클 모델(circle)은 아메리칸 인디언과 캐나다 원주민들에 의해 사용되던 것으로 범죄상황을 정리하여 피해자와 가해자를 공동체 내로 재통합하려는 시도이다.
④ 미국에서 시행된 가장 대규모의 회복적 사법제도는 버몬트 주의 배상적 보호관찰 프로그램이다.

10 형벌의 목적 중 소극적 일반예방에 대한 설명으로 가장 적절한 것은?
① 형벌을 통해 범인을 교육·개선함으로써 범죄자의 재범을 예방한다.
② 형벌을 통해 일반인의 규범의식을 강화하여 사회의 규범안정을 도모한다.
③ 준엄한 형집행을 통해 일반인을 위하함으로써 범죄예방의 목적을 달성한다.
④ 형벌의 고통을 체험하게 함으로써 범죄자가 스스로 재범을 억제하도록 한다.

11 다음은 두 명의 학생 사이에 이루어지는 토론이다. 이들 주장의 근거가 되는 범죄학자들의 이름이 올바르게 짝지어진 것은?

> (가) 우리 모두는 동물입니다. 그러므로 자연스럽게 범죄를 저지를 수밖에 없다고 생각합니다. 따라서 범죄의 동기를 감소시키는 처우보다는 전통적인 사회에 대한 유대를 강화하는 것이 중요합니다.
> (나) 내 생각은 다릅니다. 사람이 악하게 태어나는 것이 아니라 친밀한 관계에 있는 주변 사람들과 의사소통을 통해 법 위반에 대한 호의적인 가치와 태도를 배우기 때문에 비행이나 범죄를 저지르게 됩니다. 따라서 청소년이 비행·범죄자가 되지 않도록 하기 위해서는 비행친구와의 교제를 차단하는 것이 더 중요합니다.

① (가) 갓프레드슨(Gottfredson) (나) 허쉬(Hirschi)
② (가) 허쉬(Hirschi) (나) 서덜랜드(Sutherland)
③ (가) 에이커스(Akers) (나) 서덜랜드(Sutherland)
④ (가) 갓프레드슨(Gottfredson) (나) 에이커스(Akers)

12 범죄인처우모델(교정처우모델) 중 교화개선을 위한 모델과 가장 거리가 먼 것은?
① 의료모델(치료모델)
② 경제모델(적응모델)
③ 재사회화모델(재통합모델)
④ 정의모델(공정모델)

13 1990년대에 등장한 긴장이론의 하나인 메스너(Messner)와 로젠펠드(Rosenfeld)의 제도적 아노미이론(Institutional Anomie Theory)에 대한 설명으로 가장 적절하지 않은 것은?

① 아메리칸드림이라는 문화 사조는 경제 제도와 다른 사회제도 간 '힘의 불균형' 상태를 초래했다고 주장한다.
② 머튼의 긴장이론이 갖고 있던 거시적 관점을 계승하여 발전시켰다.
③ 아메리칸드림이라는 문화 사조의 저변에는 성취지향, 개인주의, 보편주의, 물신주의(fetishism of money)의 네 가지 주요 가치가 전제되어 있다고 분석한다.
④ 머튼의 긴장 개념을 확장하여 다양한 상황이나 사건들이 긴장 상태를 유발할 수 있다고 하였다.

14 심리학적 범죄이론에 관한 내용으로 가장 적절하지 않은 것은?

① 프로이트(Freud)는 성 심리의 단계적 발전 과정에서 필요한 욕구가 제대로 충족되지 못함으로 인하여 형성된 인성의 부조화를 사회적으로 해소하지 못하는 것도 범죄 유발 동기가 된다고 본다.
② 아이젠크(Eysenck)는 신경계적 특징과 범죄 행동 및 성격특성 간의 관련성을 정신병적 경향성(Psychoticism), 외향성(Extroversion), 신경증(Neuroticism) 등 성격의 3가지 차원에서 설명하였다.
③ 헤어(Hare)는 사이코패스를 0~2점의 3점 척도로 평가하는 총 20개 문항의 표준화된 진단표(PCL-R)를 개발하였으며, 오늘날 사이코패스 검사 도구로 광범위하게 사용되고 있다.
④ 슈나이더(Schneider)는 대부분의 범죄자가 정신병질자이므로 정신 치료에 초점을 맞추어야 한다고 주장하였다.

15 현대(신) 고전주의 범죄학에 대한 다음 설명 중 그 내용이 가장 적절하지 않은 것은?

① 합리적선택이론(Rational Choice Theory)은 사람들이 이윤을 극대화하고 손실을 최소화하기 위한 결정을 한다는 경제학의 기대효용원리에 기초하고 있다.
② 합리적선택이론에 따르면, 범죄자는 범행 여부에 대한 의사결정을 함에 있어 처벌의 가능성과 강도뿐 아니라 다양한 개인적, 상황적 요인을 포괄적으로 고려한다.
③ 일상활동이론(Routine Activity Theory)은 범죄 발생의 3요소 중 가해자의 범행 동기를 가장 중요한 요소로 제시한다.
④ 신고전주의 범죄학의 등장은 실증주의 범죄학 및 관련 정책의 효과에 대한 비판적 시각과 관련이 있다.

16 머튼(Morton)이 주장한 사회적 긴장이론에서 아노미의 발생 원인과 가장 거리가 먼 것은?

① 물질적 성공만을 과도하게 강조하는 문화
② 성공을 위한 제도화된 기회의 부족
③ 급격한 사회변동의 위기
④ 공평한 성공기회에 대한 평등주의적 이념

17 범죄원인론 중 고전학파에 대한 설명으로 가장 적절하지 않은 것은?

① 고전학파는 범죄의 원인보다 형벌 제도의 개혁에 더 많은 관심을 기울였다.
② 고전주의 범죄학은 계몽주의 시대사조 속에서 중세 형사사법시스템을 비판하며 태동하였고, 근대 형사사법 개혁의 근간이 되는 이론적 토대를 제공하였다.
③ 고전주의 범죄학은 범죄를 설명함에 있어 인간이 자유의지(free-will)에 입각한 합리적 존재라는 기본가정을 바탕으로 한다.
④ 고전주의 범죄학은 처벌이 아닌 개별적 처우를 통한 교화개선을 가장 효과적인 범죄예방 대책으로 본다.

18 「소년법」상 보호사건의 조사와 심리에 대한 설명으로 옳은 것은?

① 소년부는 송치받은 사건이 그 관할에 속하지 아니한다고 인정하더라도 보호의 적정을 기하기 위하여 필요하다고 인정하면 그 사건을 관할 소년부에 이송하지 않을 수 있다.
② 소년부 판사가 사건을 조사 또는 심리하는 데에 필요하다고 인정하여 소년의 감호에 관한 결정으로써 병원이나 그 밖의 요양소에 위탁하는 조치를 하는 경우 그 위탁의 최장기간은 2개월이다.
③ 소년부 판사는 조사 또는 심리에 필요하다고 인정하여 기일을 지정해서 소환한 사건 본인의 보호자나 참고인이 정당한 이유 없이 소환에 응하지 아니하면 동행영장을 발부할 수 있다.
④ 소년부 또는 조사관이 범죄 사실에 관하여 소년을 조사할 때에는 미리 소년에게 불리한 진술을 거부할 수 있음을 알려야 한다.

19 「범죄피해자 보호법」상 형사조정에 대한 설명으로 옳지 않은 것은?

① 검사는 피의자와 범죄피해자 사이에 형사분쟁을 공정하고 원만하게 해결하여 범죄피해자가 입은 피해를 실질적으로 회복하는 데 필요하다고 인정하면 직권으로 수사 중인 형사사건을 형사조정에 회부할 수 있다.
② 형사조정위원회는 필요하다고 인정하면 직권으로 형사조정의 결과에 이해관계가 있는 사람을 형사조정에 참여하게 할 수 있다.
③ 검사는 형사사건을 수사하고 처리할 때 형사조정이 성립되지 아니하였다는 사정을 피의자에게 불리하게 고려하여서는 아니 된다.
④ 검사는 불기소 처분이나 기소유예처분 사유에 해당함이 명백한 형사사건을 형사조정에 회부하여서는 아니 된다.

20 보호관찰 등에 관한 법령상 대상자의 특별준수사항을 포함한 준수사항으로 옳지 않은 것은?

① 사행행위에 빠지지 아니할 것
② 피해자 등 재범의 대상이 될 우려가 있는 특정인에 대한 접근금지
③ 주거를 이전할 때에는 미리 보호관찰관의 허가를 받을 것
④ 일정량 이상의 음주를 하지 말 것

제5회 보호직 동형 모의고사

01 「전자장치 부착 등에 관한 법률」상 전자장치 부착에 대한 설명으로 옳은 것은?
① 검사는 스토킹범죄로 징역형의 실형을 선고받은 사람이 그 집행을 종료한 후 또는 집행이 면제된 후 10년 이내에 다시 스토킹범죄를 저지른 때에 해당하고 스토킹범죄를 다시 범할 위험성이 있다고 인정되는 사람에 대하여 전자장치 부착 명령을 법원에 청구할 수 있다.
② 19세 미만의 사람에 대하여 성폭력범죄를 저지른 사람에게 부착명령을 선고하는 경우, 법원은 어린이 보호구역 등 특정지역·장소에의 출입금지 및 접근금지를 준수사항으로 부과하여야 한다.
③ 피부착자는 주거를 이전하거나 7일 이상 국내여행을 하거나 출국할 때에는 미리 보호관찰관에게 신고하여야 한다.
④ 살인범죄로 징역형의 실형 이상의 형을 선고받아 그 집행이 면제된 후 다시 살인범죄를 저지른 사람에 대해서 검사는 부착명령을 청구할 수 있다.

02 다음 중 사회해체이론(Social Disorganization Theory)에 대한 설명으로 가장 옳지 않은 것은?
① 지역사회의 생태학적 변화가 범죄의 발생에 중요한 역할을 한다고 보는 것이다.
② 범죄는 개인적인 차이에 의한 것이라기보다는 환경적 요인들을 범죄의 근원적 원인으로 본다.
③ 범죄의 발생이 비공식적인 감시기능의 약화에서 비롯되는 것으로 설명하기도 한다.
④ 버식(Bursik)과 웹(Wabb)은 사회해체 원인을 주민의 비이동성과 동질성으로 보았다.

03 다음은 「소년법」상 소년에 대한 설명이다. 옳은 것은?
① 형의 선고유예를 선고할 때에는 부정기형을 적용하지 아니하나, 형의 집행유예를 선고할 때에는 부정기형을 적용한다.
② 죄를 범할 당시에 18세 미만인 경우 그에게 무기형을 처해야 하는 경우에는 10년의 유기징역에 처한다.
③ 보호처분이 계속 중일 때에 자유형을 선고받은 소년에 대하여는 그 형을 먼저 집행한다.
④ 소년의 특성에 비추어 상당하다고 인정되는 때에는 그 형을 감경한다.

04 다음 보기에서 설명하는 주장에 해당하는 사회학적 범죄이론은?

> 대부분의 비행이 즉각적인 만족을 위해 즉흥적이면서도 충동적으로 발생한다는 점에서 고전주의 학파를 따랐지만 또한 비행은 개인의 안정된 성향에 의해 설명될 수 있다고 보아 실증주의 학파의 견해도 수용했다. 그들은 대부분의 비행이 순간적인 욕구에 따라 충동적으로 일어난다는 점에 주목하면서 비행소년과 일반소년을 구분할 수 있는 내적 성향도 순간 만족과 충동성을 조절할 수 있는 능력이라고 보았는데, 그것이 바로 자기통제력이라고 했다.

① 갓프레드슨(Gottfredson)과 허쉬(Hirschi)의 범죄 일반이론
② 허쉬(Hirschi)의 사회유대이론
③ 머튼(Merton)의 긴장(strain)이론
④ 샘슨(Sampson)의 집합 효율성(collective efficacy) 이론

05 낙인이론(labeling theory)에 대한 설명으로 가장 적절하지 않은 것은?

① 낙인이론에서는 경미한 범죄에 대하여 공식적 처벌과 같은 낙인보다는 다양한 대체처분으로서의 전환을 강조한다.
② 레머트(Lemert)는 비행소년이라는 꼬리표가 청소년의 지속적인 비행을 유발하는 요인이 된다고 하면서, 이를 '악의 극화(the dramatization of evil)'라고 불렀다.
③ 낙인이론은 고전주의 범죄이론이나 억제이론과는 반대로 형벌이 향후 범죄를 유발하는 요인이 된다고 본다.
④ 낙인이론가들이 강조하는 전환 제도는 범죄자를 공식적인 형사사법 절차와 과정으로부터 비공식적인 절차와 과정으로 우회시키는 것이다.

06 「보호관찰 등에 관한 법률 시행령」상 갱생보호의 개시와 방법에 대한 설명으로 옳지 않은 것은?

① 숙식제공은 6월을 초과할 수 없으나, 필요하다고 인정하는 때에는 매회 6월의 범위 내에서 3회에 한하여 그 기간을 연장할 수 있다.
② 주거 지원은 갱생보호 대상자에게 주택의 임차에 필요한 지원을 하는 것이다.
③ 갱생보호는 갱생보호 대상자가 친족 또는 연고자 등으로부터 도움을 받을 수 없는 경우에 한정하여 행한다.
④ 취업 지원은 갱생보호 대상자에게 직장을 알선하고 필요한 경우 신원을 보증하는 것이다.

07 형사정책 연구방법론에 대한 설명으로 옳지 않은 것은?
① 자기보고식조사는 경미한 범죄보다는 살인 등 중대한 범죄를 측정하는 데 적합하고, 피해자조사는 개인적 보고에 기반하는 점에서 객관성과 정확성을 확보할 수 있다.
② 설문조사를 활용하면, 두 변수 사이의 관계를 넘어서는 다변량 관계를 연구할 수도 있다는 것이 장점이다.
③ 인구대비 범죄발생건수로 표시되는 범죄율을 산정할 때 범죄 건수는 범죄의 경중을 서로 다르게 평가하지 않으므로 범죄율은 범죄의 심각성까지 반영할 수는 없다.
④ 참여관찰법은 연구자가 스스로 범죄집단에 참여함으로써 연구 대상을 자연스럽게 관찰하여 생생한 자료를 수집하는 연구 방법이나 시간과 비용이 많이 들고 객관성을 확보하기는 어렵다.

08 밀러(Miller)의 하류계층 문화이론(lower class culture theory)에 대한 설명으로 옳지 않은 것은?
① 밀러는 하위계층의 문화를 고유의 전통과 역사를 가진 독자적 문화로 보았다.
② 하류계층의 여섯 가지 주요한 관심의 초점은 사고치기(trouble), 강인함(toughness), 영악함(smartness), 흥분 추구(excitement), 운(fate), 자율성(autonomy)이다.
③ 중류계층의 관점에서 볼 때, 하류계층 문화는 중류계층 문화의 가치와 갈등을 초래하여 범죄적·일탈적 문화로 간주된다.
④ 범죄와 비행은 중류계층 문화에 대한 저항으로서 하류계층 문화 자체에서 발생한다.

09 형사정책의 이념 중 무력화(incapacitation)에 대한 설명으로 옳지 않은 것은?
① 일반적으로 구금을 의미하고, 과거의 제도로는 국외추방이나 사형집행도 포함한다.
② 집단적 무력화(collective incapacitation)란 재범의 위험성이 높다고 판단되는 상습범죄자의 구금을 통해 추가적인 범죄가 발생할 가능성을 제거하는 것을 의미한다.
③ 선택적 무력화(selective incapacitation)는 과학적인 방법으로 범죄를 예측하며, 교정자원을 효율적으로 활용할 수 있다.
④ 무력화 대상자 선택에 있어 잘못된(허위) 긍정(false positive)과 잘못된(허위) 부정(false negative)의 예측 오류 문제를 야기할 수 있다.

10 다음 중 형벌과 보안처분에 관한 설명으로 가장 옳지 않은 것은?

① 형벌은 행위자가 저지른 과거의 불법에 대한 책임을 전제로 부과되는 제재이다.
② 일원주의에 따르면 형벌과 보안처분이 모두 사회방위와 범죄인의 교육 및 개선을 목적으로 하므로 본질적 차이가 없다고 본다.
③ 보안처분은 행위자의 재범의 위험성에 근거한 것으로 책임능력이 있어야 부과되는 제재이다.
④ 이원주의에 따르면 형벌은 책임을, 보안처분은 재범의 위험성을 전제로 부과되는 것으로 양자는 그 기능이 다르다고 본다.

11 멘델존(Mendelsohn)은 범죄피해자 유형을 5가지로 분류하였다. 분류의 기준은 무엇인가?

① 피해자의 유책성(귀책성)
② 피해자의 외적 특성과 심리적 공통점
③ 피해자의 도발유무
④ 일반적 피해자성과 잠재적 피해자성

12 다음 설명 중 그 내용이 가장 옳지 않은 것은?

① 일상활동이론(Routine Activity Theory)은 범죄발생의 3요소 중 가해자의 범행 동기를 가장 중요한 요소로 제시하며, 범죄예방을 위하여 체포가능성의 확대와 처벌의 확실성 확보를 중시한다.
② 합리적선택이론(Rational Choice Theory)에 따르면, 범죄자는 범행 여부에 대한 의사결정을 함에 있어 처벌의 가능성과 강도뿐 아니라 다양한 개인적, 상황적 요인을 포괄적으로 고려한다.
③ 신고전주의 범죄학의 등장은 실증주의 범죄학 및 관련 정책의 효과에 대한 비판적 시각과 관련이 있다.
④ 합리적선택이론(Rational Choice Theory)은 사람들이 이윤을 극대화하고 손실을 최소화하기 위한 결정을 한다는 경제학의 기대효용원리에 기초하고 있다.

13 다음 중 「치료감호 등에 관한 법률」상 치료감호에 대한 설명으로 가장 옳지 않은 것은?

① 구속영장에 의하여 구속된 피의자에 대하여 검사가 공소를 제기하지 아니하는 결정을 하고 치료감호청구만을 하는 때에는 구속영장은 치료감호영장으로 보며 그 효력을 잃지 아니한다.
② 검사는 심신장애인으로 금고 이상의 형에 해당하는 죄를 지은 자에 대하여 정신건강의학과 등의 전문의의 진단이나 감정을 받은 후 치료감호를 청구하여야 한다.
③ 피의자가 심신장애로 의사결정능력이 없기 때문에 벌할 수 없는 경우 검사는 공소제기 없이 치료감호만을 청구할 수 있다.
④ 피치료감호자등의 텔레비전 시청, 라디오 청취, 신문·도서의 열람은 일과시간이나 취침시간 등을 제외하고는 자유롭게 보장된다.

14 다음 중 현행법상 사회봉사명령에 대한 설명으로 가장 옳지 않은 것은?

① 형의 집행을 유예할 경우 부과할 수 있다.
② 소년범에 대하여는 사회봉사명령을 부과할 수 없다.
③ 사회봉사명령은 보호관찰관이 집행한다.
④ 보호관찰관은 사회봉사명령의 집행을 국공립기관이나 그 밖의 단체에 위탁한 때에는 이를 법원 또는 법원의 장에게 통보하여야 한다.

15 다음 중 브랜팅햄(Brantingham)과 파우스트(Faust)의 범죄예방모델에 대한 설명으로 옳지 않은 것은?

① 브랜팅햄과 파우스트의 범죄예방모델은 질병예방의 보건의료모형을 차용하였다.
② 범죄 실태에 대한 대중교육을 실시하는 것은 1차적 범죄예방에 가장 가깝다.
③ 잠재적 범죄자를 조기에 판별하고 이들이 불법행위를 저지르기 전에 개입하려는 시도는 2차적 범죄예방에 해당한다고 볼 수 있다.
④ 2차적 범죄예방은 특별예방과 관련이 있다.

16 「성폭력범죄자의 성충동 약물치료에 관한 법률」상 성 충동 약물치료에 대한 설명으로 옳지 <u>않은</u> 것은?

① 법원은 성 충동 약물치료 명령 청구가 이유 있다고 인정하는 때에는 15년의 범위에서 치료 기간을 정하여 판결로 치료 명령을 선고하여야 한다.
② 성 충동 약물치료 명령의 대상은 사람에 대하여 성폭력 범죄를 저지른 성도착증 환자로서, 성폭력 범죄를 다시 범할 위험성이 있다고 인정되는 19세 이상의 사람이다.
③ 성 충동 약물치료 명령 청구는 검사가 하며, 성 충동 약물치료 명령 청구대상자에 대하여 정신건강의학과 전문의의 진단이나 감정을 받은 후 치료 명령을 청구하여야 한다.
④ 징역형과 함께 성충동 약물치료 명령을 받은 사람이 치료감호의 집행 중인 경우, 치료 명령 대상자 및 그 법정대리인은 치료 명령이 집행될 필요가 없을 정도로 개선되어 성폭력 범죄를 다시 범할 위험성이 없음을 이유로, 주거지 또는 현재지를 관할하는 지방법원에 치료 명령의 집행면제를 신청할 수 있다.

17 자기 보고식 조사와 피해자 조사에 대한 설명으로 적절하지 <u>않은</u> 것은?

① 자기 보고식 조사란 일정한 집단을 대상으로 개개인의 범죄피해를 스스로 보고하게 함으로써 숨은 범죄(암수 범죄)를 측정하는 방법이다.
② 피해자조사는 피해자의 특성을 파악할 수 있고 자기 보고식 조사보다 정확하지만, 대규모 표본이 필요하고 비용이 많이 들며, 살인이나 피해자 없는 범죄를 측정할 수 없다는 단점이 있다.
③ 이러한 방식은 실제로 범한 범죄를 밝히기를 꺼려 축소 보고히는 것이 문제시될 수 있다.
④ 범죄피해조사는 객관성과 정확성을 보장할 수는 없고, 자기보고식 조사는 살인 등 중대한 범죄를 파악할 수 없으므로 이러한 방법들도 숨은 범죄를 파악하는 데 한계가 있다.

18 다음의 범죄학 연구 방법 설명 중에서 옳은 것을 고르면 모두 몇 개인가?

㉠ 과학적 범죄이론의 대표적인 특징은 개념과 명제에 대하여 반박할 수 없다는 것이다.
㉡ 초기 범죄학 연구의 대다수는 횡단적 연구 설계에 의존하였다.
㉢ 횡단적 연구로는 코호트 연구, 패널 연구, 추세 연구, 실태 연구 등이 있다.
㉣ 공식통계 분석은 숨은 범죄를 파악하는 데 효과적이다.
㉤ 실험 연구는 질적 연구 방법으로서 암수 조사에도 이용할 수 있으나, 다수 연구자가 동시에 관찰할 수 없어서 연구자의 주관을 배제할 수 없는 단점이 있다.
㉥ 현장 조사 연구인 참여적 관찰법은 비언어적 행동 파악이 어렵다는 단점이 있다.
㉦ 설문조사 또는 표본조사는 실험 연구보다 많은 수를 연구 대상으로 하므로 연구 결과를 실험법보다 일반화하기 용이하다.
㉧ 표본조사는 정상인 집단인 실험집단을 연구하고자 하는 범죄자 집단인 대조집단과 수평적으로 비교하는 방법으로 행해진다.

① 1개　　　　　　　　　　② 2개
③ 3개　　　　　　　　　　④ 5개

19 (개)~(마)의 보호관찰 기간을 모두 합하면 몇 년인가?

(개) 형법상 2년의 징역형을 선고받고, 형의 집행을 3년간 유예하면서 보호관찰을 받은 자의 보호관찰 기간(법원은 따로 보호관찰기간을 정하지 않음)
(내) 형법상 선고유예를 받은 자의 보호관찰 기간
(대) 형법상 실형 5년을 선고받고 4년을 형 집행한 후 가석방된 자의 보호관찰 기간(허가행정관청이 필요가 없다고 인정한 경우 제외)
(래) 소년법상 장기 보호관찰을 받은 소년의 보호관찰 기간(연장 없음)
(매) 치료감호 등에 관한 법률상 피치료감호자에 대한 치료감호가 가종료된 자의 보호관찰 기간

① 6년　　　　　　　　　　② 8년
③ 9년　　　　　　　　　　④ 10년

20 부정기형 제도에 대한 설명으로 옳지 않은 것은?

① 부정기형은 범죄인의 개선에 필요한 기간을 판결선고 시에 정확히 알 수 없기 때문에 형을 집행하는 단계에서 이를 고려한 탄력적 형 집행을 위한 제도로 평가된다.
② 부정기형은 범죄자에 대한 위하효과가 인정되고, 수형자자치제도의 효과를 높일 수 있으며, 위험한 범죄자를 장기 구금하게 하여 사회방위에도 효과적이다.
③ 부정기형은 형벌 개별화 원칙에 반하고, 수형자의 특성에 따라서 수형 기간이 달라지게 되는 문제점이 있으며, 교도관의 자의가 개입할 여지가 있고, 석방 결정 과정에서 적정절차의 보장이 결여될 위험이 있다.
④ 소년법 제60조 제1항은 "소년이 법정형으로 장기 2년 이상의 유기형에 해당되는 죄를 범한 경우에는 그 형의 범위 내에서 장기와 단기를 정하여 형을 선고하되, 장기는 10년, 단기는 5년을 초과하지 못한다."고 규정하여 상대적 부정기형 제도를 채택하였다.

제6회 보호직 동형 모의고사

01 억제이론(Deterrence theory)에 관한 설명으로 가장 적절하지 않은 것은?
① 억제(Deterrence)는 고전주의 범죄학파의 주요 개념 중 하나이다.
② 효과적인 범죄억제를 위해서는 처벌이 확실하고 엄격하며 신속해야 한다.
③ 일반억제(general deterrence)는 전과자를 대상으로 한 재범방지에 중점을 둔다.
④ 촉법소년의 연령 하향을 주장하는 학자들의 이론적 근거 중 하나이다.

02 다음 중 레크리스(W.Reckless)의 범죄피해자 유형 분류 기준으로 가장 옳은 것은?
① 피해자의 유책성(귀책성)
② 피해자의 도발 유무
③ 피해자의 외적 특성과 심리적 공통점
④ 일반적 피해자성과 잠재적 피해자성

03 다음 중 범죄예방에 관한 설명으로 가장 옳지 않은 것은?
① '상황적 범죄예방 모델'은 범죄기회를 감소시키는 것만으로는 범죄를 예방하는 데 한계가 있다는 생각에서 출발한다.
② '범죄자 치료와 갱생을 통한 사회복귀모델'은 주로 형집행단계에서 특별예방의 관점을 강조하고 있다.
③ '형벌을 통한 범죄억제모델'은 범죄예방의 효과를 높이기 위해서 처벌의 신속성, 확실성, 엄격성을 요구한다.
④ '환경설계를 통한 범죄예방'은 주택 및 도시설계를 범죄예방에 적합하도록 구성하려는 생각이다.

04 다음 〈보기〉 중 기소유예에 대한 설명으로 옳은 것만을 모두 고른 것은?

㉠ 초범자와 같이 개선의 여지가 큰 범죄자를 모두 기소하여 전과자를 양산시키고, 무의미한 공소제기와 무용한 재판 등으로 인하여 소송경제에 반하는 문제점이 있다.
㉡ 「소년법」상 검사는 피의자에 대하여 범죄예방자원봉사위원의 선도를 받게 하고 공소를 제기하지 아니할 수 있으며, 이 경우 소년과 소년의 친권자·후견인 등 법정대리인의 동의를 받아야 한다.
㉢ 공소권 행사에 있어 법 앞의 평등을 실현하고 공소권 행사에 정치적 영향을 배제할 수 있다.
㉣ 피의자에게 전과의 낙인 없이 기소 전 단계에서 사회복귀를 가능하게 하고, 법원 및 교정기관의 부담을 덜 수 있다.

① ㉠, ㉢
② ㉡, ㉢
③ ㉡, ㉣
④ ㉠, ㉣

05 발달 및 생애과정이론에 관한 설명으로 옳지 <u>않은</u> 것은?
① 글룩(Glueck)부부는 반사회적인 아이들은 성인이 되어 가해 경력을 지속할 가능성이 크다고 보았다.
② 모피트(T. Moffitt)의 생애지속형(life-course-persistent) 비행청소년은 생래적인 신경심리적 결함이 주된 비행의 원인이며, 유아기의 비행은 성인기까지도 지속된다.
③ 손베리(T. Thornberry)는 후기개시형(late starters) 비행청소년 일탈의 원인을 비행친구와의 접촉으로 보았다.
④ 샘슨(R. Sampson)과 라웁(J. Laub)은 생애주기에 있어 시기에 따라 서로 다른 비공식적 사회통제가 존재하며 인생의 전환점에 의해 언제든지 변할 수 있다고 보았다.

06 다음 중 머튼(Merton)의 아노미이론에 대한 설명으로 가장 옳지 <u>않은</u> 것은?
① '순응형(Conformity)'은 문화적 목표와 제도화된 수단을 모두 승인하는 적응방식으로 반사회적인 행위유형이 아니다.
② '퇴행형(Retreatism)'은 문화적 목표와 제도화된 수단을 모두 부정하고 사회활동을 거부하는 적응방식으로 만성적 알코올 중독자, 약물 중독자, 부랑자 등이 이에 해당한다.
③ '순응형(Conformity)'은 안정적인 사회에서 가장 보편적인 행위유형으로서 문화적인 목표와 제도화된 수단을 부분적으로만 수용할 때 나타난다.
④ '혁신형(Innovation)'은 문화적인 목표에 집착하여 부당한 수단을 통해서라도 성공을 달성하려는 행위 유형으로 이욕적 범죄가 대표적이다.

07 다음 중 코헨(Cohen)이 주장한 비행하위문화의 특징으로 가장 옳지 <u>않은</u> 것은?
① 부정성(Negativism)
② 악의성(Malice)
③ 자율성(Autonomy)
④ 비합리성(Non-utilitarianism)

08 다음 중 범죄 원인에 대한 사회과정이론(Social Process Theory)의 설명으로 가장 옳지 <u>않은</u> 것은?
① 낮은 사회적 지위 때문에 목표 달성에 실패할수록 범죄를 저지를 가능성이 커진다.
② 법 위반에 대한 우호적 정의를 학습할수록 범죄를 저지를 가능성이 커진다.
③ 아동기에 형성된 자기통제력이 낮을수록 범죄를 저지를 가능성이 커진다.
④ 부모와의 정서적 유대관계가 약할수록 범죄를 저지를 가능성이 커진다.

09 중학생 A는 어느 조직폭력단 두목의 일대기에 심취하여 그의 행동을 흉내내다가 범죄를 저지르기에 이르렀다. 다음 중 A의 범죄화 과정을 설명하는 이론으로 가장 옳은 것은?

① 머튼(Merton)의 아미노이론
② 글래저(Glaser)의 차별적 동일시이론
③ 셀린(Sellin)의 문화갈등이론
④ 터크(Turk)의 권력갈등이론

10 다음 중 통제이론에 대한 설명으로 가장 옳은 것은?

① 통제이론은 "개인이 왜 범죄로 나아가지 않게 되는가"의 측면이 아니라 "개인이 왜 범죄를 하게 되는가"의 측면에 초점을 맞춘다.
② 나이(Nye)는 범죄 통제방법 중 비공식적인 직접 통제가 가장 효율적인 방법이라고 주장하였다.
③ 레크리스(W.Reckless)는 외부적 통제요소와 내부적 통제요소 중 어느 한 가지만 제대로 작동되어도 범죄는 방지될 수 있다고 보았다.
④ 마차(Matza)와 사이크스(Sykes)가 주장한 중화기술 중 '가해의 부정'은 자신의 행위로 피해를 입은 사람은 그러한 피해를 입어도 마땅하다고 합리화하는 기술이다.

11 다음 중 허쉬(Hirschi)의 사회유대이론에 대한 설명으로 가장 옳지 않은 것은?

① '애착(Attachment)'은 개인이 다른 사람과 맺는 감성과 관심으로, 이를 통해서 청소년은 범죄를 스스로 억누르게 되는 것을 말한다.
② '참여(Involvement)'는 관습적 활동 또는 일상적 활동에 열중하는 것으로, 참여가 높을수록 범죄에 빠질 기회와 시간이 적어져 범죄를 저지를 가능성이 감소되는 것을 말한다.
③ '신념(Belief)'은 지역사회가 청소년의 초기 비행행동에 대해 과잉반응하지 않고 꼬리표를 붙이지 않는 것을 말한다.
④ '관여 또는 전념(Commitment)'은 관습적 활동에 소비하는 시간·에너지·노력 등으로, 시간과 노력을 투자할수록 비행을 저지름으로써 잃게 되는 손실이 커져 비행을 저지르지 않는 것을 말한다.

12 다음 〈보기〉 중 비판범죄학에 대한 설명으로 옳은 것을 모두 고른 것은?

> ㉠ 마르크스(Marx)는 범죄발생의 원인을 계급갈등과 경제적 불평등으로 설명하고, 생활에 필요한 물적 자산을 충분히 갖지 못한 피지배계급이 물적 자산 내지 지배적 지위에 기존사회가 허락하지 않는 방법으로 접근하는 행위를 범죄로 인식했다.
> ㉡ 봉거(Bonger)는 사법체계가 가진 자에게는 그들의 욕망을 달성할 수 있는 합법적인 수단을 허용하는 반면, 가난한 자에게는 이러한 기회를 허용하지 않기 때문에 범죄는 하위계급에 집중된다고 주장했다.
> ㉢ 퀴니(Quinney)는 마르크스의 경제계급론을 부정하면서 사회주의 사회에서의 범죄 및 범죄통제를 분석하였다.
> ㉣ 볼드(Vold)는 집단갈등이 입법정책 영역에서 가장 첨예하게 나타난다고 보았다.

① ㉠, ㉡, ㉢
② ㉠, ㉡, ㉣
③ ㉠, ㉢, ㉣
④ ㉡, ㉢, ㉣

13 다음 중 샘슨(Sampson)과 라웁(Laub)의 생애과정이론(연령-단계이론)의 주장으로 가장 옳지 않은 것은?

① 타고난 기질과 어린 시절의 경험만이 범죄행위의 지속과 중단에 가장 큰 영향을 미친다.
② 행위자를 둘러싼 상황적·구조적 변화가 범죄로부터 단절된 삶으로 이끈다.
③ 생애과정을 통해 사회유대와 범죄행위가 서로 영향을 미친다.
④ 결혼, 취업, 군입대는 범죄궤적을 올바른 방향으로 바꾸는 인생의 변곡점이다.

14 양형이론에 대한 설명으로 옳지 않은 것은?

① 형벌 책임의 근거를 비난 가능성에서 구하는 것은 객관적이고 중립적이어야 할 국가 형벌권의 행사가 감정에 치우칠 위험이 있다.
② 양형이론 중 범주이론 또는 재량 여지 이론(Spielraumtheorie)은 예방의 관점을 고려한 것으로 법관에게 일정한 형벌 목적으로 고려할 수 있는 일정한 재량범위를 인정하는 장점을 가지고 있다.
③ 유일점 형벌 이론(Punktstrafentheorie)에 의하면 책임은 언제나 하나의 고정된 크기를 가지므로 정당한 형벌은 언제나 하나일 수밖에 없다.
④ 양형에서는 법적 구성요건의 표지에 해당하는 사정이 다시 고려되어도 무방하다는 이중평가의 원칙이 적용된다.

15 범죄예측 방법에 대한 설명으로 옳지 <u>않은</u> 것은?
① 직관적 예측 방법은 실무경험이 많은 판사, 검사, 교도관 등이 실무에서 애용하고 있는 방법으로 교육과 훈련을 통해 주관적 자의를 통제할 수 있기에 신뢰성이 높다.
② 통계적 예측 방법은 범죄자의 특징을 계량화하여 객관적 기준에 의존하기 때문에 실효성과 공정성을 확보할 수 있지만 범죄 요인의 상이한 선별기준에 대한 대책이 없다.
③ 임상적 예측 방법은 정신과의사나 범죄학 교육을 받은 심리학자가 행위자의 성격분석을 토대로 내리는 예측으로 판단자의 주관적 평가를 통제할 수 없고 많은 시간과 비용이 소요된다.
④ 통합적 예측 방법은 직관적 예측, 통계적 예측 및 임상적 예측 방법을 절충함으로써 각각의 단점을 보완하고자 하는 예측 방법으로 다양한 예측 방법의 단점을 어느 정도는 극복할 수 있다.

16 뉴먼(Newman)과 레피토(Reppetto)의 범죄예방 모델에 대한 설명으로 옳지 <u>않은</u> 것은?
① 뉴먼은 주택건축 과정에서 공동체의 익명성을 줄이고 순찰·감시가 용이하도록 구성하여 범죄예방을 도모해야 한다는 방어공간의 개념을 사용하였다.
② 범죄행위에 대한 위험과 어려움을 높여 범죄기회를 줄임으로써 범죄예방을 도모하려는 방법을 '상황적 범죄예방 모델'이라고 한다.
③ 레피토는 범죄의 전이양상을 시간적 전이, 전술적 전이, 목표물 전이, 지역적 전이, 기능적 전이의 5가지로 분류하였다.
④ 레피토는 상황적 범죄예방활동에 대해서 '이익의 확산효과'로 인해 사회 전체적인 측면에서는 범죄를 줄일 수 없게 된다고 비판한다.

17 범죄학이론에 관한 설명 중 옳지 <u>않은</u> 것은?
① 브레이스웨이트(J.Braithwaite)는 오명씌우는 부끄럼주기는 범죄율을 높이지만 재통합적 부끄럼주기는 범죄율을 낮춘다고 주장하여, 낙인이론을 수정하는 통합이론을 제시하여 회복적 사법제도의 촉진역할 하였다.
② 터크의 범죄화론에 의하면 피지배집단의 힘이 약하면 법 집행도 약화된다.
③ 샘슨(Sampson)과 라웁(Laub)의 발달이론에 따르면, 비행·범죄의 시작·유지·중단 등 연령에 따른 행동변화는 생애과정에서의 비공식적 통제와 사회유대를 반영한다.
④ 따르드(Tarde)는 거리의 법칙, 방향의 법칙, 삽입의 법칙이라는 3가지 모방법칙을 주장하였다.

18 다음의 환경설계를 통한 범죄예방(CPTED)에 관한 설명으로 가장 옳지 않은 것은?

① 목표물의 견고화란 잠재적 피해 대상이 쉽게 피해를 보지 않도록 잠금장치·울타리·전자경보장치 등을 설치하여 범죄자가 범죄 실행에 투입해야 하는 노력을 증대시키는 접근법이다.
② 최근의 환경설계를 통한 범죄예방(CPTED)은 장소·사람·기술·네트워크를 중요한 요소로 삼아 안전한 지역공동체를 유지하는 것을 강조하는 경향이다.
③ 자연스러운 접근통제란 일정한 지역에서 접근하는 사람을 일정한 공간으로 유도하거나 외부인의 출입을 통제하도록 설계하여 잠재적 범죄자가 범행 대상에 접근할 때 심리적 부담을 증대시키는 예방원리이다.
④ 활동성 증대란 CPTED 시설물이나 장소를 처음 설계된 대로 지속해서 이용할 수 있도록 관리함으로써 범죄예방을 장기적으로 유지하는 예방 원리이다.

19 다음 중 현행법상 사회봉사명령에 대한 설명으로 가장 옳지 않은 것은?

① 형의 선고를 유예할 경우 부과할 수 있다.
② 형의 집행을 유예할 경우 보호관찰과 함께 부과할 수도 있다.
③ 사회봉사명령은 보호관찰관이 집행한다.
④ 법원으로부터 사회봉를 허가 받은 벌금 미납자도 사회봉사의 대상이 될 수 있다.

20 심리학적 범죄이론에 대한 다음 설명 중 가장 크게 틀린 것은?

① 고더드(Goddard)가 강조한 것처럼 낮은 지능이 직접 범죄를 유발하지는 않지만, 낮은 지능은 범죄를 저지르는 데 있어서 중요한 매개변수로는 인정되고 있다.
② 반사회적 인격장애자는 공감능력이 현저히 떨어지는 사람이고, 그들은 매우 이기적이고 무감각·무책임하며 충동적이며 또한 죄의식을 느끼지 못하므로 범죄를 저지를 위험성이 높다.
③ 아이젠크는 범죄행동을 자율신경계적 특징과 성격특성·범죄행동 간의 관련성을 가지고 설명하면서, 성격을 정신병적 경향성·내향성·신경증 등 세 가지 차원에서 설명하고 범죄자들에게는 정신병적 경향성과 내향성이 두드러지게 나타난다고 주장했다.
④ 조현병은 피해적 망상·환각·혼란스럽고 파괴적인 행동이나 생각·인지기능의 장애·정서불합리성·외부세계와의 융화성 상실 등의 이상을 나타내는 대표적인 정신질환으로, 정신질환 범죄자 중에서 가장 많이 발견되는 증상이다.

제7회 보호직 동형 모의고사

01 깨진 유리창 이론(Broken Window Theory)에 대한 설명으로 옳지 <u>않은</u> 것을 고르면?

① 무질서의 증가는 범죄 두려움을 증가시키고 시민의 안전감을 감소시켜, 시민은 지역으로부터 자신을 멀리하게 된다.
② '깨진 유리창'이 상징하는 것은 지역사회의 무질서이고, 종래의 형사정책이 범죄자 개인에 집중되는 개인주의적 관점이 강하다고 비판하면서 공동체적 관점을 강조하는 입장이다.
③ 깨진 유리창 이론은 다른 사회구조적 이론들과는 달리 미시적 사회정책이 아니라 거시적 형사정책의 차원에서 범죄대응책을 모색할 수 있다는 장점이 있다.
④ 무질서는 크게 물리적 무질서와 사회적 무질서로 양분되는데, 경찰의 역할로서 지역사회의 물리적·사회적 무질서에 대해 관용 없이 대처하도록 요구한다.

02 다음 중 범죄예방에 관한 설명으로 가장 적절하지 <u>않은</u> 것은?

① '상황적 범죄예방 모델'은 범죄 발생 후 처벌이나 교정하는 것만으로는 범죄를 예방하는 데 한계가 있다는 생각에서 출발한다.
② '범죄자 치료와 갱생을 통한 사회복귀모델'은 주로 형집행단계에서 일반예방의 관점을 강조하고 있다.
③ '형벌을 통한 범죄억제모델'은 범죄예방의 효과를 높이기 위해서 처벌의 신속성, 확실성, 엄격성을 요구한다.
④ '환경설계를 통한 범죄예방'은 주택 및 도시설계를 범죄예방에 적합하도록 구성하려는 생각이다.

03. 「소년법」상 소년사건의 처리에 대한 설명으로 옳은 것은 몇 개인가?

㉠ 검사가 소년피의사건에 대하여 소년부 송치결정을 한 경우에는 소년을 구금하고 있는 시설의 장은 검사의 이송 지휘를 받은 때로부터 법원 소년부가 있는 시·군에서는 12시간 이내에 소년을 소년부에 인도하여야 한다.
㉡ 소년보호사건에서 소년부 판사는 사건의 조사 또는 심리에 필요하다고 인정하면 기일을 지정하여 사건 본인이나 보호자 또는 참고인을 소환할 수 있으며, 사건 본인이나 참고인이 정당한 이유 없이 소환에 응하지 아니하면 소년부 판사는 동행영장을 발부할 수 있다.
㉢ 보호처분이 계속 중일 때에 사건 본인에 대하여 유죄판결이 확정된 경우에 보호처분을 한 소년부 판사는 결정으로써 보호처분을 취소하여야 한다.
㉣ 죄를 범할 당시 19세 이하인 소년에 대하여 사형 또는 무기형으로 처할 경우에는 15년의 유기징역으로 한다.
㉤ 소년부 판사는 소년의 품행을 교정하고 피해자를 보호하기 위하여 필요하다고 인정하면 소년에게 피해 변상 등 피해자와의 화해를 권고할 수 있다.
㉥ 보호처분을 집행하는 자의 신청이 없더라도 소년부 판사는 직권으로 단기 보호관찰과 1개월 이내의 소년원 송치처분을 변경할 수 있다.
㉦ 소년부 판사는 장기 보호관찰처분을 할 때에 그 보호관찰 기간 동안 대안교육을 받을 것을 명하거나 특정시간대 외출을 제한하는 명령을 동시에 부과할 수 있다.

① 1개 ② 2개
③ 3개 ④ 4개

04. 현행법상 보호관찰제도에 관한 설명으로 옳지 않은 것은?
① 「성폭력범죄의 처벌 등에 관한 특례법」상의 성폭력가석방자인 성인에 대하여도 보호관찰이 부과된다.
② 보호관찰을 조건으로 형의 선고유예를 받은 자의 보호관찰기간은 1년이다.
③ 보호관찰법상 보호관찰 대상자는 1개월 이상 국내외 여행을 할 때에는 미리 보호관찰관에게 신고해야 한다.
④ 보호관찰 대상자가 일정한 준수사항을 위반하거나 일정한 주거가 없는 때에는 사법경찰관이 관할 지방법원판사의 구인장을 발부받아 구인할 수 있다.

05. 현행법상 보호관찰대상자가 될 수 없는 사람은?
① 보호처분의 필요성이 인정되는 소년
② 벌금을 미납한 자
③ 치료감호시설에서 가종료된 자
④ 소년원에서 임시퇴원된 자

06 사회봉사명령제도에 관한 설명으로 옳지 않은 것은?
① 사회내 처우(외래적 처우)의 하나이다.
② 사회봉사명령에는 처벌기능, 사회에 대한 배상기능, 범죄행위에 대한 속죄기능, 범죄인의 사회복귀 지원기능 등이 있다.
③ 사회봉사를 통하여 범죄자에 대한 사회의 응보감정을 약화시키고 범죄자 자신의 사회적 책임을 고양시킨다.
④ 현행법상 성인범에 대한 사회봉사명령의 부과는 본인의 동의를 요한다.

07 현행법상 수강명령에 관한 설명으로 옳지 않은 것은?
① 「소년법」상 단기 보호관찰 또는 보호관찰 처분 시 촉법소년에 대하여도 수강명령을 할 수 있다.
② 「소년법」상의 수강명령은 100시간을, 사회봉사명령의 경우에는 200시간을 각각 초과할 수 없다.
③ 수강명령의 집행은 법원이 집행한다.
④ 현행법상 사회봉사명령은 14세 미만의 형사미성년자에게 부과될 수 없다.

08 「보호관찰 등에 관한 법률」에 대한 설명으로 옳지 않은 것은?
① 보호관찰은 법원의 판결이나 결정이 확정된 때 또는 가석방·임시퇴원된 때부터 시작된다.
② 보호관찰은 보호관찰 대상자의 행위지, 거주지 또는 현재지를 관할하는 보호관찰소 소속 보호관찰관이 담당한다.
③ 보호관찰소의 장은 범행 내용, 재범위험성 등 보호관찰 대상자의 개별적 특성을 고려하여 그에 알맞은 지도·감독의 방법과 수준에 따라 분류처우를 하여야 한다.
④ 보호관찰소 소속 공무원은 보호관찰 대상자에 대한 정당한 직무집행 과정에서 도주방지, 항거 억제 등을 위하여 필요하다고 인정되는 상당한 이유가 있으면 보호장구인 수갑, 포승, 보호대, 전자충격기, 가스총을 사용할 수 있다.

09 보호관찰을 부과할 수 있는 근거를 두고 있지 않은 법률은?
① 「형법」
② 「가정폭력방지 및 피해자 보호 등에 관한 법률」
③ 「소년법」
④ 「성폭력범죄의 처벌 등에 관한 특례법」

10 범죄이론에 대한 설명을 가장 적절한 것은?
① 밀러(W. Miller)의 하층계급문화이론에서 자율성(autonomy)이란 자신의 미래가 노력보다는 스스로 통제할 수 없는 운명에 달려있다는 믿음이다.
② 허쉬(T. Hirschi)의 사회유대이론에 따르면, 모든 사람들은 범죄나 비행을 저지를 가능성에서 차이가 없는 본성을 가지고 있다고 주장한다.
③ 클로워드(Cloward)와 올린(Ohlin)의 차별적 기회구조이론은 뒤르껭(E. Durkheim)의 아노미이론과 하위문화이론을 통합하여 만든 이론이다.
④ 티틀(Tittle)은 일탈 및 범죄는 약한 사회적 유대나 낮은 자아통제력에서 비롯된다고 주장하면서 통제균형이론을 제시하였다.

11 환경설계를 통한 범죄예방(CPTED)에 관한 설명으로 가장 적절하지 않은 것은?
① CPTED는 물리적 환경설계를 통한 범죄예방 전략을 의미한다.
② 목표물 견고화(target hardening)란 잠재적 범행 대상이 쉽게 피해를 보지 않도록 하는 일련의 조치를 말한다.
③ CPTED의 기본원리 중 자연적 접근 통제(natural access control)란 사적 공간, 준사적 공간, 공적 공간상의 경계를 분명히 하여 공간이용자들이 사적 공간에 들어갈 때 심리적 부담을 주는 원리를 의미한다.
④ 2세대 CPTED는 범죄예방에 필요한 매개 요인들에 대한 직접 개입을 주목적으로 하지만, 3세대 CPTED는 장소, 사람, 기술 및 네트워크를 핵심 요소로 하여 안전한 공동체 형성을 지향한다.

12 다음은 우범자 갑과 을의 범행장소 선택에 관한 스토리이다. 상황적 범죄예방 대책 강화가 B, C, D지역에 미친 효과에 해당하는 것으로 가장 적절하게 연결한 것은?

▶ 범죄 동기를 가진 갑은 A지역에서 범행을 하려고 했으나, A지역의 CPTED가 강화된 것을 확인하고 A지역 대신 C지역으로 이동해서 범죄를 저질렀다.
▶ 범죄 동기를 가진 을은 A지역에서 범행을 계획하였으나, A지역 길거리와 건물에 CCTV가 매우 많아진 것을 확인하고 A지역과 인접한 B지역도 비슷한 상황일 것 같은 생각이 들어 B지역 대신 강 건너 D지역으로 이동해서 범죄를 저질렀다.

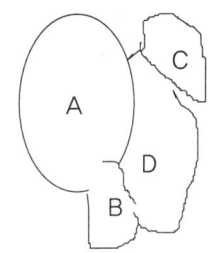

① B지역 - 이익의 확산(diffusion of benefits) 효과
  C지역 - 범죄전이(crime displacement) 효과
  D지역 - 범죄전이(crime displacement) 효과
② B지역 - 범죄전이(crime displacement) 효과
  C지역 - 억제효과(deterrent effect) 효과
  D지역 - 이익의 확산(diffusion of benefits) 효과
③ B지역 - 범죄전이(crime displacement) 효과
  C지역 - 이익의 확산(diffusion of benefits) 효과
  D지역 - 이익의 확산(diffusion of benefits) 효과
④ B지역 - 이익의 확산(diffusion of benefits) 효과
  C지역 - 억제효과(deterrent effect) 효과
  D지역 - 범죄전이(crime displacement) 효과

13 다음 ㉠과 ㉡에 관한 설명으로 가장 적절하지 않은 것은?

㉠ 피해자의 피해 복구와 공동체의 강화를 강조하여 피해자에 대한 피해의 원상회복, 가해자의 용서와 화해, 지역사회 내에서의 가해자와 피해자의 재통합을 추구하는 것이 장기적으로 범죄를 크게 줄일 수 있다.
㉡ 형사처벌과 재범을 잇는 매개변수는 '자아관념의 변화', '사회적 기회 박탈', '비행적 하위문화와의 접촉' 등이라고 볼 수 있다.

① ㉠은 브레이스웨이트(Braithwaite)의 재통합적 부끄럼주기 이론(Reintegrative Shaming Theory)을 근거로 하고 있다.
② ㉡은 레크레스(Reckless)의 봉쇄이론(containment theorie)과 관련된 설명이다.
③ ㉠은 대표적 프로그램으로는 가족집단 회합, 피해자-가해자 중재(victim-offender mediation)모델, 양형서클(sentencing circles) 등이 있다.
④ ㉡에 바탕을 둔 대표적 프로그램으로는 검찰 단계에서의 기소유예, 소년법상 조건부 기소유예 등이 있다.

14 다음이 설명하는 교정처우모델로 가장 적절한 것은?

> 범죄 문제 해결을 위해서는 범죄자가 사회에 원만하게 살아갈 수 있도록 거시적인 환경을 개선해야 하며 범죄자의 교화개선에만 초점을 맞추어서는 안 된다. 범죄자의 문제는 범죄가 발생한 사회 내에서 해결되어야 한다는 전제를 기초로 한 교정처우모델로 지역사회에 기반한 교정프로그램을 강조한다.

① 정의모델(justice model)
② 의료모델(medical model)
③ 적응모델(adjustment model)
④ 재통합모델(reintegration model)

15 억제이론(Deterrence theory)에 관한 설명으로 가장 적절하지 않은 것은?

① 절대적 억제(absolute deterrence)는 처벌하는 법적 제재의 존재 그 자체만으로 어떤 사람이 범죄를 범하지 않도록 억제하는 처벌의 능력을 말하며, 한계적 억제(Marginal deterrence)란 법적 제재에 의해 범죄자에 의한 범행이 절대적으로 억제되기보다는 범죄자가 범행을 하더라도 더 가벼운 범행을 선택하도록 하는 처벌 기능을 의미한다.
② 범죄로 인하여 기대되는 이익보다 손실이 더 적다면 범죄는 억제될 수 있다.
③ 특별억제(specific deterrence)는 전과자를 대상으로 한 재범 방지에 중점을 둔다.
④ 형벌이 확실하게 집행되고 형벌 집행이 범죄 발생 이후에 신속하게 처리되고 형벌의 정도가 엄격할수록 인간은 형벌에 대한 두려움을 더 느끼게 되고, 그 결과 범죄를 억제한다는 주장이다.

16 실증주의 범죄학파에 관한 설명으로 가장 적절하지 않은 것은?

① 범죄행위보다는 범죄자 개인에게 중점을 두어 범죄 요인을 제거하는 것이 범죄통제에 효과적이라고 보았다.
② 야만적인 형사사법제도를 개편하여 효율적인 범죄예방을 위한 형벌제도 개혁에 힘썼다.
③ 범죄의 원인 규명과 해결을 위해서 과학적 연구 방법의 중요성을 강조하였다.
④ 학문적 지식은 이상 또는 신념에 의해 습득되는 것이 아니라, 직접적인 관찰을 통해서 얻어진다고 보았다.

17 코헨(Cohen)과 펠슨(Felson)의 일상활동이론(Routine Activity Theory)에 관한 설명으로 가장 적절하지 <u>않은</u> 것은?
① 범죄기회가 주어지면 누구든지 범죄를 저지를 수 있다고 본다.
② 범죄를 저지르고자 하는 동기화된 범죄자(motivated offender), 적절한 범행대상(suitable target), 보호(감시)의 부재(absence of capable guardian)라는 세 가지 조건이 충족될 때 범죄가 발생한다고 가정한다.
③ 도시화, 여가활동 증대 등 가정 밖에서 일어나는 활동을 증가시킴으로써 피해자와 범죄자가 시·공간적으로 수렴할 가능성을 증대시킨다고 본다.
④ 형사사법체계에 의해서 수행되는 공식적 통제를 통한 범죄예방을 설명하는 데 유용하다.

18 다음과 같은 방법으로 범죄에 관한 연구를 하였다. 이 연구 방법에 관한 설명으로 적절한 것은?

> 어떤 특정지역에 거주하는 여자 청소년들 모두를 일정 시점을 선택하여 조사한 이후 20년 동안 이들의 행동 패턴 변화를 추적하여 조사하였다. 관련 자료는 대상자나 대상자의 친지들과의 면담 등을 통해 직접 수집하기도 하고, 그들의 학교생활 기록·범죄로 체포된 경력 자료 등을 사용하였다. 조사 결과 이들 중 5% 정도가 직업적인 범죄자가 되어 있었다.

① 유사한 특성을 공유하는 집단을 시간의 흐름에 따라 추적하여 관찰하는 코호트 연구방법이다.
② 연구자가 집단의 활동에 참여함으로써 연구대상을 직접 관찰하여 자료를 수집하는 참여적 관찰 연구방법이다.
③ 연구대상자로 하여금 자신의 비행이나 범죄행동 사실을 스스로 보고하게 하는 자기보고식 조사 방법이다.
④ 연구자의 내적 타당성에 관련된 요인을 통제하기 용이한 실험 연구방법이다.

19 사이버범죄에 관한 설명으로 가장 적절하지 않은 것은?
① 사이버범죄란 일반적으로 사이버공간을 범행의 수단, 대상, 발생장소로 하는 범죄행위를 의미한다.
② 전통적 범죄와 달리 사이버범죄는 비대면성, 익명성, 피해의 광범위성 등의 특성이 있다.
③ 경찰청 사이버범죄 분류에 따르면 몸캠피싱은 불법 컨텐츠 범죄 중 사이버 성폭력에 속한다.
④ 경찰청 사이버범죄 분류에 따르면, 메모리해킹은 정보통신망 이용범죄 중 사이버 금융범죄에 속한다.

20 여성범죄에 관한 설명으로 가장 적절하지 않은 것은?
① 아들러(Adler)는 여성해방운동이 여성범죄를 증가시켰다고 주장하였다.
② 폴락(Pollak)의 기사도 가설(chivalry hypothesis)에 따르면 형사사법기관 종사자들이 남성범죄자보다 여성범죄자를 더 관대하게 대하는 태도를 가졌다고 본다.
③ 체스니-린드(Chesney-Lind)는 형사사법체계에서 소년범들의 성별에 따른 차별적 대우가 존재한다고 보았다.
④ 헤이건(Hagan)과 그의 동료들은 테스토스테론(testosterone)이 남성을 여성보다 폭력적으로 만든다고 주장했다.

제8회 보호직 동형 모의고사

01 다음 〈보기〉의 설명과 가장 관련이 깊은 학자는?

> 형벌은 어떤 경우에도 일개 시민에 대하여 일인 또는 다수가 저지르는 폭력행위가 되어서는 아니 된다. 형벌은 공개적이고, 신속하며, 필요한 것이어야 한다. 형벌은 주어진 사정 하에서 가능한 최소한의 것이어야 한다. 형벌은 범죄에 비례하여야 하고, 성문의 법률에 의해 규정되어야 한다.

① 베카리아(Beccaria)
② 롬브로소(Rombroso)
③ 뒤르켐(E. Durkheim)
④ 서덜랜드(Sutherland)

02 「스토킹범죄의 처벌 등에 관한 법률」의 내용에 대한 설명으로 옳은 것은?
① 스토킹행위를 단 한 번이라도 하는 경우에는 스토킹범죄에 해당한다.
② 법원은 피해자 보호 등을 위하여 필요하다고 인정하는 경우에는 결정으로 스토킹행위자에게 위치추적 전자장치 부착의 조치를 할 수 있다.
③ 법원이 스토킹범죄를 저지른 사람에 대하여 형의 선고를 유예하는 경우에는 200시간의 범위에서 재범 예방에 필요한 수강명령을 병과할 수 있다.
④ 법원이 스토킹범죄를 저지른 사람에 대하여 벌금형의 선고와 함께 120시간의 스토킹 치료프로그램의 이수를 명한 경우 그 이수명령은 형 확정일부터 3개월 이내에 집행한다.

03 범죄학의 발전과정에 관한 설명으로 가장 적절하지 <u>않은</u> 것은?
① 고전주의 범죄학은 범죄의 원인에 관심을 두기보다는 범죄자에 대한 처벌방식의 개선에 더 많은 관심을 기울였다.
② 실증주의 범죄학은 인간의 자유의지를 강조한 고전학파를 비판하며, 범죄자는 여러 요인에 의해 형성된다는 비결정론적 시각으로 인간을 바라보았다.
③ 신고전주의 범죄학의 등장은 실증주의 범죄학 및 관련 정책의 효과에 대한 비판적 시각과 관련이 있다.
④ 최근 범죄학 연구에서는 여러 이론을 통합하여 종합적으로 설명하는 새로운 경향이 등장하였다.

04 범죄 원인에 관한 사회학적 학습이론에 관한 설명 중 가장 적절한 것은?

① 글레이저(Glaser)에 따르면 범죄를 학습하는 과정에 있어서는 매스컴을 통한 동일시과정보다 직접적인 대면접촉이 더욱 중요하게 작용한다.
② 범죄행위에 대해 처벌이 이루어지지 않아 범죄행위가 지속·강화된다면 이것은 부정적 처벌이다.
③ 서덜랜드(Sutherland)는 직접적인 대면접촉보다는 누구와 자신을 동일시하느냐 또는 자기의 행동을 평가하는 준거집단의 성격이 어떠하냐가 범죄를 학습하는 과정에 있어서 더욱 중요하게 작용한다고 보았다.
④ 에이커스(Akers)의 사회학습이론의 네 가지 핵심 개념으로는 차별적 접촉(교제), 정의(definition), 차별적 강화, 모방(imitation)이 있다.

05 다음이 설명하는 범죄피해에 관한 이론으로 가장 적절한 것은?

> 인구통계학적·사회구조적 요인이 개인별 생활양식의 차이를 야기하고 이러한 생활양식의 차이가 범죄피해 가능성의 차이로 이어진다고 본다. 예컨대, 밤늦은 시간 술집에 혼자가거나 혼자 밤늦게까지 일하는 생활양식을 가진 사람은 그렇지 않은 사람에 비해 상대적으로 범죄피해의 가능성이 증가한다는 것이다.

① 집합효율성이론(Collective Efficacy Theory)
② 생활양식·노출이론(Lifestyle - Exposure Theory)
③ 생애과정이론(Life - Course Theory)
④ 합리적 선택이론(Rational Choice Theory)

06 다음 ( ) 안에 들어갈 내용으로 가장 적절한 것은?

> 살인범죄는 피해자의 수에 따라 일반살인과 다수(다중)살인으로 구분할 수 있다. 보통 살인은 피해자가 1명인 경우를 말하며, 다수살인은 피해자가 2~4명 이상인 경우를 의미한다. 다수살인을 시간과 장소에 따라 보다 세분하면, (㉠)은 한 사건에서 다수의 피해자를 발생시키는 행위를 말하고, (㉡)은 심리적 냉각기를 거치지 않고 여러 장소를 옮겨 다니면서 살해하는 행위이며, (㉢)은 한 사건과 그 다음 사건 사이에 심리적 냉각기가 존재하는 살인행위를 의미한다.

① ㉠ 대량살인 ㉡ 연쇄살인 ㉢ 연속살인
② ㉠ 연속살인 ㉡ 연쇄살인 ㉢ 대량살인
③ ㉠ 대량살인 ㉡ 연속살인 ㉢ 연쇄살인
④ ㉠ 연쇄살인 ㉡ 연속살인 ㉢ 대량살인

07 범죄유형에 관한 설명으로 가장 적절하지 <u>않은</u> 것은?
① 화이트칼라범죄(white-collar crime)란 사회적 지위가 높은 사람이 주로 직업 및 업무 수행의 과정에서 범하는 범죄를 의미한다.
② 증오범죄(hate crime)란 인종·종교·장애·성별 등에 대한 범죄자의 편견이 범행의 전체 또는 일부 동기가 되어 발생하는 범죄를 의미한다.
③ 피해자 없는 범죄(victimless crimes)란 전통적인 범죄와 마찬가지로 피해자와 가해자의 관계가 명확하여 피해자를 특정하기 어려운 범죄를 의미한다.
④ 사이버범죄(cyber crimes)란 사이버공간을 범행의 수단·대상·발생장소로 하는 범죄행위로 비대면성·익명성·피해의 광범위성 등의 특성이 있는 범죄를 말한다.

08 소년보호의 원칙에 대한 설명으로 옳지 <u>않은</u> 것은?
① 인격주의는 소년을 보호하기 위하여 소년의 행위에서 나타난 개성과 환경을 중시하는 것을 말한다.
② 예방주의는 범행한 소년의 처벌이 아니라 이미 범행한 소년이 더 이상 범죄를 범하지 않도록 하는 데에 있다.
③ 개별주의는 소년사건에서 소년보호조치를 취할 때 형사사건과 병합하여 1건의 사건으로 취급하는 것을 말한다.
④ 과학주의는 소년의 범죄환경에 대한 연구와 소년범죄자에게 어떤 종류의 형벌을 어느 정도 부과할 것인가에 대한 전문가의 활용을 말한다.

09 각각의 범죄원인론이 제시 또는 암시하는 범죄대책을 잘못 연결한 것은?
① 사회해체론 – 지역사회의 재조직화
② 서덜랜드(Sutherland)의 차별적 접촉이론 – 집단관계요법
③ 허쉬(Hirschi)의 사회통제이론 – 비행소년에 대한 형사처벌 강화
④ 봉거(Bonger)의 급진적 갈등론 – 사회주의 사회의 건설

10 헤이건(Hagan)의 권력-통제이론과 콜빈과 폴리(Colvin & Poly)의 마르크스주의 통합이론에 대한 설명으로 가장 옳지 않은 것은?

① 헤이건은 마르크스주의 범죄이론과 페미니스트 범죄이론 및 사회통제이론을 통합한 이론을 제시했다.
② 헤이건은 직장 내에서의 권력적 지위가 가정 구성원 간의 권력관계에 반영되지는 않지만 가정 내에서의 권력이 젠더(gender) 구조화된 정도는 부모가 자녀를 양육하는 방식에 영향을 미친다고 한다.
③ 콜빈과 폴리에 의하면 자본주의 체제 하에서 노동자계급은 세 부류로 나눌 수 있는데, 그것은 미숙련 저임금 노동자와 산업체 노동자 그리고 고숙련 노동자 또는 고임금 전문가이다.
④ 콜빈과 폴리에 의하면 가정에서 자녀들의 양육에 있어서 가장 문제가 되는 부류는 미숙련 저임금 노동자 집단이다.

11 「보호소년 등의 처우에 관한 법률」상 보호소년의 수용·보호에 대한 설명으로 옳지 않은 것은?

① 소년원장은 분류수용, 교정교육상의 필요, 그 밖의 이유로 보호소년을 다른 소년원으로 이송하는 것이 적당하다고 인정하면 법무부장관의 허가를 받아 이송할 수 있다.
② 보호소년이 사용하는 목욕탕, 세면실 및 화장실에 전자영상장비를 설치하여 운영하는 것은 이탈·난동·폭행·자해·자살, 그 밖에 보호소년의 생명·신체를 해치거나 시설의 안전 또는 질서를 해치는 행위의 우려가 큰 때에만 할 수 있다.
③ 소년원장은 공동으로 비행을 저지른 관계에 있는 사람의 편지인 경우 등 보호소년의 보호 및 교정교육에 지장이 있다고 인정되는 경우에는 보호소년의 편지 왕래를 제한할 수 있으며, 편지의 내용을 검사할 수 있다.
④ 소년원장은 미성년자인 보호소년이 친권자나 후견인이 없거나 있어도 그 권리를 행사할 수 없을 때에는 법무부장관의 허가를 받아 적당한 자로 하여금 그 보호소년을 위하여 친권자나 후견인의 직무를 행사하게 하여야 한다.

12 범죄에 대한 설명으로 옳지 <u>않은</u> 것은?

① 비범죄화란 지금까지 형법에 범죄로 규정되어 있던 것을 폐지하여 범죄목록에서 삭제하거나 형사처벌의 범위를 축소하는 것으로 그 대상 범죄로는 단순도박죄, 낙태죄 등이 제시된다.
② 형식적 의미의 범죄는 법규정과 관계없이 반사회적인 법익침해 행위이고, 실질적 의미의 범죄는 형법상 범죄구성요건으로 규정된 행위이다.
③ 신범죄화(신종 범죄화)란 지금까지 존재하지 않던 범죄행위를 새로운 형벌구성요건으로 창설하는 것으로 환경범죄, 경제범죄, 컴퓨터 범죄 등이 여기에 해당한다.
④ 암수 범죄(숨은 범죄)는 실제로 범죄가 발생하였으나 범죄 통계에 나타나지 않은 범죄를 의미한다.

13 단기자유형과 부정기형에 대한 설명으로 옳은 것은?

① 벌금형으로 단기자유형을 대체하는 경우, 총액벌금형제를 취한다면 경제적으로 상류층에 속하는 사람에 대하여도 큰 형벌효과를 가져올 수 있다.
② 부정기형은 행위 당시의 책임을 넘어서는 처벌을 가능하게 할 수 있다.
③ 단기자유형을 선고받고 복역한 후에는 누범문제에 따라 5년 동안 집행유예 결격 사유가 발생할 수 있다.
④ 단기자유형의 개선방안으로 주말구금, 충격구금, 휴일구금 등을 통한 탄력적인 구금제도의 활용방안이 있다.

14 현행 우리나라 양형에 관한 설명으로 가장 적절하지 <u>않은</u> 것은?

① 대법원 양형위원회가 작성한 양형기준표의 양형 인자는 책임을 증가시키는 가중 인자인 특별 양형 인자와 책임을 감소시키는 감경 인자인 일반 양형 인자로 구분된다.
② 대법원 양형위원회가 작성한 양형기준표는 양형 인자 평가 결과에 따라 감경영역, 기본영역, 가중영역의 3가지 권고영역 중 하나를 선택하여 권고형량의 범위를 정한다.
③ 우리나라 양형기준은 법관이 존중하되 법적 구속력을 갖지 않는 권고적 효력만 갖고 있다.
④ 법원이 양형기준에 벗어난 판결을 하는 경우에는 판결서에 양형의 이유를 적어야 한다.

15 범죄와 구별되는 개념으로서 비행과 일탈에 관한 설명으로 가장 적절하지 <u>않은</u> 것은?
① 비행은 형사법령에 금지된 행위가 아니므로 형사사법기관이 개입할 수 없다.
② 일탈은 특정 사회의 사회규범이나 행동 규칙에 위반된 행위라고 정의할 수 있다.
③ 낙인이론은 비행이나 일탈·범죄를 정의할 때 규범 위반 여부보다 사회적 반응을 중시한다.
④ 법규범은 사회규범의 일부에 불과하므로 비행이나 일탈이 항상 범죄가 되지는 않는다.

16 심리학적 범죄이론에 대한 설명으로 옳지 <u>않은</u> 것은?
① 행태이론은 범죄의 원인을 설명하면서 개인의 인지능력을 과소평가한다.
② 아이젠크(Eysenck)는 저지능이 저조한 학업성취를 가져오고, 학업에서의 실패와 무능은 비행 및 범죄와 높은 관련성을 갖는다고 하였다.
③ 반두라(Bandura)는 직접적인 자극이나 상호작용이 없어도 미디어 등을 통해 간접적으로 범죄학습이 이루어질 수 있다는 이론적 근거를 제시하였다.
④ 콜버그(Kohlberg)의 도덕발달이론에 의하면, 인간의 도덕발달 과정은 전 관습적(pre-conventional), 관습적(conventional), 후 관습적(post-conventional)이라는 3개의 수준으로 구분되고, 각 수준은 2개의 단계로 나뉜다.

17 아바딘스키(H. Abadinsky)가 제시한 조직범죄의 포괄적 특성과 가장 거리가 <u>먼</u> 것은?
① 주로 정치적 목적이나 이해관계가 개입되어 행해진다.
② 매우 위계적·계층적이고 조직구성원이 매우 제한적·배타적이면서도 조직활동이나 구성원의 참여가 매우 영속적이다.
③ 목표달성을 쉽고 빠르게 하기 위해서 불법적인 폭력과 뇌물을 사용하는 것이 일반화되어 있고, 조직 내 위치에 따라 임무와 역할이 철저하게 분업화·전문화되어 있다.
④ 이익을 증대시키기 위해서 폭력이나 관료매수 등의 방법으로 특정지역이나 사업을 독점하지만, 합법적 조직과 마찬가지로 조직의 규정과 규칙에 의해 통제·운영된다.

18 「형법」상 형의 선고유예에 대한 설명으로 옳은 것은? (다툼이 있는 경우 판례에 의함)
① 주형의 선고유예를 하는 경우 몰수의 요건이 있더라도 몰수형만의 선고를 할 수는 없다.
② 형의 선고유예 판결이 확정된 후 1년을 경과한 때에는 면소된 것으로 간주하고, 그 뒤에는 실효의 대상이 되는 선고유예의 판결이 존재하지 않으므로 선고유예 실효의 결정을 할 수 없다.
③ 형의 선고를 유예하는 경우에 재범 방지를 위하여 지도 및 원호가 필요한 때에는 보호관찰을 받을 것을 명할 수 있는데, 이에 따른 보호관찰의 기간은 2년으로 한다.
④ 피고인이 범죄사실을 자백하지 않고 부인할 경우에는 언제나 선고유예를 할 수 없다고 해석할 것은 아니다.

19 보호관찰 대상자의 보호관찰 기간으로 옳지 <u>않은</u> 것은?
① 「치료감호 등에 관한 법률」상 치료감호 가종료자: 3년
② 「소년법」상 단기 보호관찰처분을 받은 자: 1년
③ 「형법」상 보호관찰을 조건으로 형의 선고유예를 받은 자: 1년
④ 「가정폭력범죄의 처벌 등에 관한 특례법」상 보호관찰처분을 받은 자: 1년

20 「보호소년 등의 처우에 관한 법률」상 옳은 것만을 모두 고르면 몇 개인가?

㉠ 신설하는 소년원 및 소년분류심사원은 수용정원이 150명 이상의 규모가 되도록 하여야 한다. 다만, 소년원 및 소년분류심사원의 기능·위치나 그 밖의 사정을 고려하여 그 규모를 축소할 수 있다.
㉡ 소년분류심사원장은 유치소년이 시설의 안전과 수용질서를 현저히 문란하게 하는 보호소년에 대한 교정교육을 위하여 유치기간을 연장할 필요가 있는 경우에는 유치 허가를 한 지방법원 판사 또는 소년분류심사원 소재지를 관할하는 법원소년부에 유치 허가의 취소에 관한 의견을 제시할 수 있다.
㉢ 20일 이내의 기간 동안 지정된 실(室) 안에서 근신하게 하는 징계는 14세 미만의 보호소년 등에게는 부과하지 못한다.
㉣ 출원하는 보호소년 등에 대한 사회정착지원의 기간은 6개월 이내로 하되, 6개월 이내의 범위에서 한 번에 한하여 그 기간을 연장할 수 있다.
㉤ 원장은 법원 또는 검찰의 조사·심리, 이송, 그 밖의 사유로 보호소년 등을 호송하는 경우, 소속공무원으로 하여금 수갑, 포승이나 전자충격기를 사용하게 할 수 있다.

① 1개　　　　　　　　　　② 2개
③ 3개　　　　　　　　　　④ 4개

제9회 보호직 동형 모의고사

01 학자와 그 주장이 바르게 연결되지 않은 것은?

① 페리(E. Ferri) – 일정한 조건의 사회에서는 그에 상응하는 일정한 양의 범죄가 발생하는 것이 원칙이며, 그 수가 절대적으로 늘어나거나 줄어들 수 없다.
② 타르드(G. Tarde) – 사회환경은 범죄의 배양기이고 범죄자는 그 미생물에 해당하므로, 처벌해야 하는 것은 범죄자가 아니라 사회이다.
③ 뒤르켐(E. Durkheim) – 자살은 인간의 왜곡된 이성이 낳은 결과가 아니라 사회의 문화구조적 모순에서 비롯된 것이다.
④ 리스트(F. von Liszt) – 부정기형의 채택, 단기자유형의 폐지, 집행유예·벌금형·누진제도의 합리화, 소년범죄에 대한 특별처우 등을 요구하였다.

02 학자들과 그들의 주장을 연결한 것으로 옳지 않은 것은?

① 갓프레드슨과 허쉬(Gottfredson & Hirschi) – 모든 범죄의 원인은 '낮은 자기 통제력' 때문이며, 이러한 '자기 통제력'은 아동기에 형성된다.
② 코헨(Cohen) – 합법적 수단이 이용 가능하지 않을 때 비합법적 수단에 호소하게 되지만, 이러한 합법적 및 비합법적 수단이 모두 이용 가능하지 않을 때 이중의 실패자(double failures)가 된다.
③ 샘슨(Sampson) – 지역사회의 구성원들이 범죄문제를 공공의 적으로 인식하고 이를 해결하기 위하여 적극적으로 참여하는 것이 범죄문제 해결의 열쇠가 된다.
④ 레크리스(Reckless) – 범죄다발지역에 살면서 범죄적 집단과 접촉하더라도 비행행위에 가담하지 않는 청소년들은 '좋은 자아개념'을 가지고 있기 때문이다.

03 통제이론에 대한 설명으로 가장 옳지 않은 것은?

① 라이스(A. Reiss) – 소년비행의 원인을 낮은 자기 통제력에서 찾았다.
② 레크리스(W. Reckless) – 청소년이 범죄환경의 압력을 극복하는 데 크게 영향을 미치는 것은 좋은 자아관념(강한 자아상)이다.
③ 갓프레드슨과 허쉬(Gottfredson & Hirschi)는 – 비행친구와의 차별적 접촉과 같은 요인들은 비행의 원인이 될 수 없다.
④ 에그뉴(R. Agnew) – 범죄는 사회적으로 용인된 기술을 학습하여 얻은 자기합리화의 결과이다.

04 발달범죄학 이론에 대한 설명으로 옳지 <u>않은</u> 것은?
① 1930년대 글룩(Glueck) 부부의 종단적 연구는 발달범죄학 이론의 기초가 되었다.
② 생애과정이론(인생항로이론)은 인간의 발달이 출생 시나 출생 직후에 나타나는 주된 속성에 따라 결정된다고 주장한다.
③ 생애과정이론(life-course theory)은 지속 그리고 변화이론(theory continuity and change) 이론과 같은 개념으로 행동의 변화에 초점을 두고 있다.
④ 인생항로이론은 첫 비행의 시기가 빠르면 향후 심각하고 지속적인 범죄를 저지를 것이라고 가정한다.

05 범죄예측에 대한 설명으로 옳은 것은?
① 전체적 평가법은 통계적 예측법에서 범하기 쉬운 객관성 문제를 개선하기 위해 개발된 방법이다.
② 통계적 예측법은 범죄자의 소질과 인격에 대한 상황을 분석하여 범죄자의 범죄성향을 임상적 경험에 의하여 예측하는 방법이다.
③ 버제스(E. W. Burgess)는 경험표(experience table)라 불렸던 예측표를 작성·활용하여 객관적인 범죄예측의 기초를 마련하였다.
④ 가석방 시의 예측은 교도소에서 가석방을 결정할 때 수용생활 중의 성적만을 고려하여 결정한다.

06 「전자장치 부착 등에 관한 법률」에 대한 설명으로 옳은 것은?
① 만 18세 미만의 자에 대하여 부착명령을 선고한 때에는 18세에 이르기까지 이 법에 따른 전자장치를 부착할 수 없다.
② 전자장치 부착기간은 이를 집행한 날부터 기산하되, 초일은 산입하지 아니한다.
③ 전자장치 부착명령의 청구는 공소제기와 동시에 하여야 한다.
④ 법원이 특정범죄를 범한 자에 대하여 형의 집행을 유예하고 보호관찰을 받을 것을 명하면서 전자장치를 부착할 것을 명한 경우 이 부착명령은 집행유예가 실효되면 그 집행이 종료된다.

07 형사정책의 연구 방법에 대한 설명으로 옳은 것은?

① 범죄(공식)통계표 분석 방법은 범죄와 범죄자의 상호 연계 관계를 해명하는 데 유용하며, 숨은 범죄를 발견할 수 있다.
② 참여적 관찰 방법은 조사 대상에 대한 생생한 실증자료를 얻을 수 있고, 연구 결과를 객관화할 수 있다.
③ 실험적 연구 방법은 어떤 가설의 타당성을 검증하거나 새로운 사실을 관찰하는 데 유용하며, 인간을 대상으로 하는 연구를 쉽게 할 수 있다.
④ 사례조사 방법은 범죄자의 일기, 편지 등 개인의 정보 획득을 바탕으로 대상자의 인격 및 환경의 여러 측면을 분석하고, 그 각각의 상호 연계 관계를 밝힐 수 있다.

08 집합 효율성 이론에 관한 설명으로 가장 적절하지 않은 것은?

① 콘하우저(Kornhauser)가 쇼와 맥케이의 사회해체이론이 범죄에 대한 설명에 있어서 지역사회 수준의 통제 관점뿐만 아니라 문화 전달 또는 긴장(strain) 관점의 설명이 포함되어 있다는 비판을 한 것을 배경으로 제시되었다.
② 샘슨과 그로브스(Sampson & Groves)는 집합효율성을 지역주민의 상호 간의 신뢰·자녀의 관리 감독에 기꺼이 개입하려는 의도·공공질서 유지 등 "공동선을 위해 개입하려는 지역주민의 사회적 응집력"이라고 정의했다.
③ 지역의 집합효율성은 인종이나 혈연에 의한 '사회적 유대'(social ties)와 같이 정적이고 일반화되었다기보다는, 특정한 사안에 대한 관심 공유를 통해 결합된 개인에 의해 증대되는 것으로서 역동적이고 특정한 역할을 갖고 있다.
④ 집합효율성(collective efficacy)은 비공식적 사회통제·제도적 사회통제·공식적 사회통제의 세 가지 형태가 있는데, 집합효율성이 높은 지역의 청소년은 일탈적인 또래와 더 많이 마주치며 문제행동에 더 많이 참여하게 된다.

09 다음은 범죄사회연구에 대한 논의이다. 가장 옳은 것은?

① 버제스(Burgess)와 에이커스(Akers)의 차별적 강화이론에 의하면, 범죄행동은 고전적 조건형성의 원리에 따라 학습된다.
② 밀러(Miller)와 코헨(Cohen)의 하위문화의 특징은 같지만, 하위문화 형성과정은 다르게 설명한다.
③ 낙인이론은 범죄 원인으로서 부정적인 사회적 반응을 강조한다.
④ 중화기술이론에 의하면 비행청소년들이 비행가치를 받아들여 비행이 나쁘지 않다고 생각하기 때문에 비행을 저지른다고 본다.

10 「벌금 미납자의 사회봉사 집행에 관한 특례법」에 대한 설명으로 옳지 않은 것은?
① 대통령령으로 정한 금액 범위 내의 벌금형이 확정된 벌금 미납자는 검사의 납부명령일부터 30일 이내에 주거지를 관할하는 지방검찰청(지방검찰청지청을 포함한다)의 검사에게 사회봉사를 신청할 수 있다. 다만, 검사로부터 벌금의 일부납부 또는 납부연기를 허가받은 자는 그 허가기한 내에 사회봉사를 신청할 수 있다.
② 사회봉사 대상자는 법원으로부터 사회봉사 허가의 고지를 받은 날부터 7일 이내에 사회봉사 대상자의 주거지를 관할하는 보호관찰소의 장에게 주거, 직업, 그 밖에 대통령령으로 정하는 사항을 신고하여야 한다.
③ 사회봉사는 1일 9시간을 넘겨 집행할 수 없다. 다만, 사회봉사의 내용상 연속집행의 필요성이 있어 보호관찰관이 승낙하고 사회봉사 대상자가 분명히 동의한 경우에만 연장하여 집행할 수 있다.
④ 사회봉사의 집행은 사회봉사가 허가된 날부터 6개월 이내에 마쳐야 한다. 다만, 보호관찰관은 특별한 사정이 있으면 검사의 허가를 받아 6개월의 범위에서 한 번 그 기간을 연장하여 집행할 수 있다.

11 소년사법에 있어서 4D(비범죄화, 비시설수용, 적법절차, 전환)에 대한 설명으로 옳지 않은 것은?
① 비범죄화(decriminalization)는 경미한 일탈에 대해서는 비범죄화하여 공식적으로 개입하지 않음으로써 낙인을 최소화하자는 것이다.
② 비시설수용(deinstitutionalization)은 구금으로 인한 폐해를 막고자 성인교도소가 아닌 소년 전담시설에 별도로 수용하는 것을 의미한다.
③ 적법절차(due process)는 소년사법절차에서 절차적 권리를 철저하고 공정하게 보장하여야 한다는 것을 의미한다.
④ 전환(diversion)은 비행소년을 공식적인 소년사법절차 대신에 비사법적인 절차에 의해 처우하자는 것이다.

12 「치료감호 등에 관한 법률」상 치료감호에 대한 설명으로 옳은 것은?

① 법원은 치료감호사건을 심리하여 그 청구가 이유 없다고 인정할 때 또는 피고사건에 대하여 심신상실 외의 사유로 무죄를 선고하거나 사형을 선고할 때에는 판결로써 청구기각을 선고하여야 한다.
② 근로에 종사하는 피치료감호자에게는 근로의욕을 북돋우고 석방 후 사회정착에 도움이 될 수 있도록 법무부장관이 정하는 바에 따라 작업장려금을 지급할 수 있다.
③ 치료감호심의위원회는 치료감호만을 선고받은 피치료감호자에 대한 집행이 시작된 후 6개월이 지났을 때에는 상당한 기간을 정하여 그의 법정대리인, 배우자, 직계친족, 형제자매에게 치료감호시설 외에서의 치료를 위탁할 수 있다.
④ 「형법」상 살인죄(제250조제1항)의 죄를 범한 자의 치료감호 기간을 연장하는 신청에 대한 검사의 청구는 치료감호기간 또는 치료감호가 연장된 기간이 종료하기 3개월 전까지 하여야 한다.

13 「소년법」상 형사사건 처리 절차에 대한 설명으로 옳지 않은 것은?

① 소년에 대한 구속영장은 부득이한 경우가 아니면 발부하지 못한다.
② 부정기형을 선고받은 소년에 대하여는 단기의 3분의 1이 지나면 가석방을 허가할 수 있다.
③ 소년이 법정형으로 장기 2년 이상의 유기형에 해당하는 죄를 범한 경우에는 그 형의 범위에서 장기와 단기를 정하여 선고한다.
④ 검사가 소년부에 송치한 사건을 소년부는 다시 해당 검찰청 검사에게 송치할 수 없다.

14 「보호소년 등의 처우에 관한 법률」에 대한 설명으로 옳은 것은?

① 보호소년 등은 남성과 여성, 보호소년과 위탁소년 및 유치소년, 16세 미만인 자와 16세 이상인 자 등의 기준에 따라 분리 수용한다.
② 보호소년등이 규율 위반행위를 하여 20일 이내의 기간 동안 지정된 실(室) 안에서 근신하는 징계를 받은 경우에는 그 기간 중 원내 봉사활동, 텔레비전 시청 제한, 단체 체육활동 정지, 공동행사 참가 정지가 함께 부과된다.
③ 보호장비는 징벌의 수단으로 사용되어서는 아니 된다.
④ 소년원 또는 소년분류심사원에서 보호소년등이 사용하는 목욕탕, 세면실 및 화장실에는 전자영상장비를 설치하여서는 아니 된다.

15 「성폭력범죄자의 성충동 약물치료에 관한 법률」에 대한 내용으로 옳지 않은 것은?
① 치료명령은 검사의 지휘를 받아 보호관찰관이 집행한다.
② 치료명령을 받은 사람은 형의 집행이 종료되거나 면제·가석방 또는 치료감호의 집행이 종료·가종료 또는 치료 위탁되는 날부터 7일 이내에 주거지를 관할하는 보호관찰소에 출석하여 서면으로 신고하여야 한다.
③ 치료명령의 집행 중 구속영장의 집행을 받아 구금된 때에는 치료명령의 집행이 정지된다.
④ 치료기간은 연장될 수 있지만, 종전의 치료기간을 합산하여 15년을 초과할 수 없다.

16 「소년법」상 소년사건 처리절차에 대한 설명으로 옳지 않은 것은?
① 형벌법령에 저촉되는 행위를 한 10세 이상 14세 미만의 소년에 대하여 경찰서장은 직접 관할 소년부에 송치할 수 없다.
② 보호사건을 송치받은 소년부는 보호의 적정을 기하기 위하여 필요하다고 인정하면 결정으로써 사건을 다른 관할 소년부에 이송할 수 있다.
③ 소년부 판사는 사건의 조사 또는 심리에 필요하다고 인정하면 기일을 지정하여 사건 본인이나 보호자 또는 참고인을 소환할 수 있다.
④ 소년부 판사는 심리 결과 보호처분을 할 수 없거나 할 필요가 없다고 인정하면 그 취지의 결정을 하고, 이를 사건 본인과 보호자에게 알려야 한다.

17 범죄원인과 관련하여 실증주의 학파에 대한 설명으로 옳지 않은 것은?
① 페리(Ferri)는 범죄자의 통제 밖에 있는 힘이 범죄성의 원인이므로 범죄자에게 그들의 행위에 대해 개인적으로나 도덕적으로 책임을 물어서는 안된다고 주장했다.
② 범죄의 연구에 있어서 체계적이고 객관적인 방법을 추구하여야 한다고 하였다.
③ 인간은 자신의 행동을 합리적, 경제적으로 계산하여 결정하기 때문에 자의적이고 불명확한 법률은 이러한 합리적 계산을 불가능하게 하여 범죄억제에 좋지 않다고 보았다.
④ 범죄는 개인의 의지에 의해 선택한 규범침해가 아니라, 과학적으로 분석 가능한 개인적·사회적 원인에 의해 발생하는 것이라 하였다.

18 「치료감호 등에 관한 법률」상의 조문 내용이 적절하게 기술되어 있는 것은?

① 마약·향정신성의약품·대마, 그 밖에 남용되거나 해독(害毒)을 끼칠 우려가 있는 물질이나 알코올을 식음(食飮)·섭취·흡입·흡연 또는 주입받는 습벽이 있거나 그에 중독된 자가 금고 이상의 형에 해당하는 죄를 범하여 치료감호의 선고를 받은 경우 치료감호시설 수용 기간은 1년을 초과할 수 없다.
② 구속영장에 의하여 구속된 피의자에 대하여 검사가 공소를 제기하지 아니하는 결정을 하고 치료감호 청구만을 하는 때에는 그 구속영장의 효력이 당연히 소멸하므로 검사는 법원으로부터 치료감호영장을 새로이 발부받아야 한다.
③ 치료감호와 형(刑)이 병과(倂科)된 경우에는 치료감호를 먼저 집행하며, 이 경우 치료감호의 집행기간은 형 집행기간에 포함되지 않는다.
④ 피치료감호자의 텔레비전 시청, 라디오 청취, 신문·도서의 열람은 일과시간이나 취침시간 등을 제외하고는 자유롭게 보장된다.

19 「소년법」상 보호처분에 대한 내용으로 옳은 것만을 모두 고르면?

㉠ 보호관찰관의 단기 보호관찰기간은 1년으로 한다.
㉡ 보호관찰관의 장기 보호관찰기간은 2년으로 한다. 다만, 소년부 판사는 보호관찰관의 신청에 따라 결정으로써 1년의 범위에서 한 번에 한하여 그 기간을 연장할 수 있다.
㉢ 보호자 또는 보호자를 대신하여 소년을 보호할 수 있는 자에게 감호 위탁하는 기간은 3개월로 하되, 소년부 판사는 결정으로써 3개월의 범위에서 한 번에 한하여 그 기간을 연장할 수 있다. 다만, 소년부 판사는 필요한 경우에는 언제든지 결정으로써 그 위탁을 종료시킬 수 있다.
㉣ 단기로 소년원에 송치된 소년의 보호기간은 3개월을 초과할 수 없다.
㉤ 장기로 소년원에 송치된 소년의 보호기간은 2년을 초과할 수 없다.

① ㉠, ㉡, ㉢
② ㉠, ㉡, ㉣
③ ㉠, ㉡, ㉤
④ ㉢, ㉣, ㉤

20 「보호관찰 등에 관한 법률」상 보호관찰의 종료와 임시해제에 대한 설명으로 옳은 것은?

① 보호관찰을 조건으로 한 형의 선고유예가 실효되더라도 보호관찰은 종료되지 않는다.
② 임시퇴원된 보호소년이 보호관찰이 정지된 상태에서 21세가 된 때에는 보호관찰이 종료된다.
③ 보호관찰 대상자는 보호관찰이 임시해제된 기간 중에는 그 준수사항을 계속하여 지키지 않아도 된다.
④ 보호관찰의 임시해제 결정이 취소된 경우 그 임시해제 기간을 보호관찰 기간에 포함한다.

제 10회 보호직 동형 모의고사

01 다음은 부정기형에 대한 설명이다. 타당하지 <u>않은</u> 것은?
① 특별예방주의를 강조한 자유형제도이다.
② 죄형법정주의원칙에 반한다고 볼 수 있고, 교도관의 자의가 개입될 위험이 있다.
③ 형벌개별화원칙에 반한다는 비판이 있다.
④ 우리나라에서는 소년범에 대해 부정기형제도를 취하고 있다.

02 다음 심리학적 범죄이론에 대한 설명으로 가장 옳은 것은?
① 행동주의 이론에서 범죄자의 성장 배경·가족생활·인성·태도·범행 동기나 이유 등에 대한 심리분석적 탐구는 특정 범죄자의 심리 및 범행의 원인을 이해하는 데 많은 기여를 하고 있다.
② 정신분석 이론은 특정한 행동을 수행할 때에 벌을 제공할 경우 해당 행동의 빈도를 감소시킬 수 있으므로 범죄행위를 조절할 수 있다고 주장한다.
③ 인지이론은 공격성과 행동 사이에서 상황에 대한 적절한 인지적 분석 단계가 부재할 때 범죄가 발생한다고 가정하며, 인지부조화와 인지 왜곡의 발생 이유를 낮은 도덕 발달·낮은 지능·정보처리 능력의 부적절·공감 능력의 부재 등에서 찾는다.
④ 아이젠크는 신경계적 특성과 성격 특성 및 범죄 행동 간의 관련성을 정신병적 경향성, 외향성, 저지능 등 성격의 3가지 차원으로 설명하며, 그는 자신의 3차원적 성격이론을 적용하여 범죄자들에게는 정신병적 경향성과 외향성이 두드러지게 나타난다고 주장했다.

03 「형법」상 벌금과 과료에 대한 설명으로 옳지 <u>않은</u> 것은?
① 벌금은 5만 원 이상으로 하되 감경하는 경우에는 5만 원 미만으로 할 수 있으며, 벌금을 선고하는 재판이 확정된 후 그 집행을 받지 아니하고 5년이 지나면 형의 시효가 완성된다.
② 벌금과 과료는 판결 확정일로부터 30일 내에 납입하여야 한다. 단, 벌금 또는 과료를 선고할 때에는 동시에 그 금액을 완납할 때까지 노역장에 유치할 것을 명할 수 있다.
③ 선고하는 벌금이 1억 원 이상 5억 원 미만인 경우에는 300일 이상, 5억 원 이상 50억 원 미만인 경우에는 500일 이상, 50억 원 이상인 경우에는 1,000일 이상의 유치기간을 정하여야 한다.
④ 벌금을 납입하지 아니한 자는 1일 이상 3년 이하, 과료를 납입하지 아니한 자는 1일 이상 30일 미만의 기간 노역장에 유치하여 작업에 복무하게 한다.

04 「치료감호법」의 치료감호제도에 관한 설명으로 옳지 <u>않은</u> 것은?
① 치료감호의 요건으로 재범의 위험성과 치료의 필요성이 규정되어 있다.
② 검사는 공소 제기 된 사건의 제1심 판결 선고 전까지 치료감호를 청구하여야 한다.
③ 일정한 사유가 있는 경우 검사는 공소제기 없이 치료감호만을 청구할 수 있다.
④ 치료감호영장에 의한 보호구속의 사유는 구속사유와 동일하다.

05 「전자장치 부착 등에 관한 법률」상 전자장치 부착에 대한 설명으로 옳지 <u>않은</u> 것은?
① 검사는 강도 범죄로 징역형의 실형을 선고받은 사람이 그 집행을 종료한 후 8년 뒤 다시 강도 범죄를 저지른 경우, 강도범 죄를 다시 범할 위험성이 있다고 인정되는 때에는 부착명령을 법원에 청구할 수 있다.
② 전자장치 피부착자가 9일 간 국내여행을 하거나 출국할 때에는 미리 보호관찰관의 허가를 받아야 한다.
③ 보호관찰소의 장 또는 피부착자 및 그 법정대리인은 해당 보호관찰소를 관할하는 심사위원회에 부착명령의 가해제를 신청할 수 있으며, 이 신청은 부착명령의 집행이 개시된 날부터 3개월이 경과한 후에 하여야 한다.
④ 만 19세 미만의 자에 대해서는 부착명령을 선고할 수 없다.

06 현행법상 형벌제도에 관한 설명으로 옳지 <u>않은</u> 것은?
① 형벌의 종류에는 생명형, 자유형, 재산형, 명예형, 신체형이 있다.
② 몰수는 부가형으로서 재산권을 일방적으로 국가에 귀속시키는 효과가 있고, 벌금형은 총액벌금제이고 벌금형의 집행유예도 인정하고 있다.
③ 「사면법」상 일반사면이 있으면 특별한 규정이 없는 한 형을 선고받지 아니한 자에 대하여는 공소권이 상실되고, 특별사면은 형을 선고받은 자를 대상으로 한다.
④ 「사면법」상 형의 집행유예를 선고받은 자에 대하여는 형 선고의 효력을 상실하게 하는 특별사면을 할 수 있다.

07 범죄와 비행의 일반 긴장 이론(General Strain Theory of Crime and Delinquency)에 관하여 가장 적절하게 설명하고 있는 것은?
① 메스너와 로젠펠드는 머튼의 긴장이론을 수정·보완하여 범죄와 비행의 일반긴장이론(General Strain Theory of Crime and Delinquency)을 제시하였다.
② 일반긴장이론은 긴장 개념을 확대하였는데 목표와 수간 간의 괴리로 인한 긴장만을 긴장의 원인으로 보았고, 계층에 따라서 범죄율이 달라지는 이유를 잘 설명할 수 있다.
③ 범죄나 비행은 긴장의 필연적인 결과는 아니며, 긴장의 대응은 불법적인 결과뿐만 아니라 합법적 결과를 야기할 수도 있다.
④ 일반긴장이론에 따르면, 낮은 부정적 정서와 낮은 억제력을 갖고 있는 청소년은 긴장을 비행이나 범죄를 통해 해소시킬 가능성이 높다.

08 사형제도에 관한 설명으로 옳지 않은 것은?
① 사형은 정의(justice) 이념에도 부합하지 않는다.
② 사형존치론은 사형이 일반인의 법감정에 부합한다고 보면서, 사형이 위하에 의한 범죄억제효과가 크다고 본다.
③ 사형폐지론은 사형제도의 문제점으로 오판가능성이 있다고 지적하며, 오판 시 회복할 수 없다고 주장한다.
④ 사형을 제한하는 방안으로 사형에 대한 필요적 사형집행연기제도의 도입이 논의되고 있다.

09 범죄피해 원인 이론에 대한 설명으로 가장 적절한 것은?
① 범죄피해 가능성의 증가요인으로는 범죄(자)와의 근접성과 범죄 위험에의 노출, 범행 표적의 매력성, 보호 감시 능력의 부재를 들 수 있다.
② 힌들랑(Hindelang), 갓프레드슨(Gottfredson) 등의 생활양식 이론은 원래 재산범죄를 설명하고자 시도하였으나 점차로 폭력 범죄 등 대인 범죄의 피해 위험성의 차이를 설명하는 데까지 확대되었다.
③ 사람은 자신만의 생활양식을 가지고 있고 생활양식의 특성에 따라 범죄손해를 입을 가능성이 달라지는데, 일반적으로 젊은 사람·남성·미혼자·가난한 사람이 노인층·여성·기혼자·고소득층보다 범죄피해의 위험성이 더 낮다.
④ 일탈 장소 이론은 피해자가 범죄를 유발·조장한다고 보고, 범죄피해는 사회적으로 해체된 지역에서 가장 자주 발생하고 사람은 지역에 대한 노출의 결과로 범죄피해자가 된다고 설명한다.

10 갓프레슨과 허쉬(Michael R. Gottfredson and Travis Hirschi)의 자기통제이론의 내용으로 옳지 <u>않은</u> 것은?

① 낮은 자기통제력이 모든 범죄의 원인이라고 보는 일반이론이다.
② 고전주의와 실증주의 범죄학을 통합하려고 시도했다.
③ 청소년기의 환경요인이나 인생의 전환점 등은 크게 중요하다고 보지 않았다.
④ 교정기관에서의 심리치료나 재사회화를 주요 방안으로 제시한다.

11 다음은 발달범죄학 이론에 관한 설명이다. ㉠, ㉡ 이론을 주장한 학자를 가장 적절하게 연결한 것은?

> ㉠ 범죄자는 두 가지 유형이 있다. 한 유형은 사춘기에 집중적으로 일탈 행동을 저지르다가 성인이 되면 일탈행동을 멈추는 유형이고, 다른 한 유형은 유아기부터 문제행동이 시작되어 전 생애 동안 범죄 행동을 지속하는 유형이다.
> ㉡ 범죄성에는 지속성이라는 특성과 함께 가변성도 존재한다고 주장한다. 지속적으로 범죄 행동을 하던 사람도 인생의 전환점으로 군 입대·결혼·취업 등을 맞이하면 이러한 사건이 이미 약화되어 있거나 단절되었던 사회유대를 복원시키는 기능을 하여 범죄를 중단하게 된다.

① ㉠ 모핏(Moffitt) ㉡ 패터슨(Patterson)
② ㉠ 모핏(Moffitt) ㉡ 샘슨과 라웁(Sampson & Laub)
③ ㉠ 패터슨(Patterson) ㉡ 모핏(Moffitt)
④ ㉠ 패터슨(Patterson) ㉡ 샘슨과 라웁(Sampson & Laub)

12 심리학적 범죄이론에 관한 내용으로 가장 적절하지 <u>않은</u> 것은?

① 프로이트(Freud)의 인성 구조 중 이드(Id)는 모든 행동의 기초를 이루는 생물학적·심리학적 욕구와 충동 자극 등을 대표하는 것으로서 즉각적인 만족을 요구하는 쾌락원리(pleasure principle)를 따른다.
② 스키너(Skinner)는 실험 상자(Skinner box) 지렛대 실험에서 쥐의 행동이 보상과 처벌에 따라 변화하는 것을 확인하였고, 이를 통해 인간의 행위 역시 조절할 수 있다고 보았다.
③ 슈나이더(Schneider)의 정신병질에 대한 10가지 분류 중 무정성 정신병질자는 동정심이나 수치심 등 인간의 고등감정이 결여되었으며, 토막살인범이나 범죄단체 조직원 등에서 많이 나타나는 유형이다.
④ 콜버그(Kohlberg)의 도덕 발달이론에 관한 경험적 연구 결과에 따르면 대부분의 범죄자는 도덕발달 6단계 중 중간 단계인 3~4단계에 속하는 것으로 보았다.

13 생물학적 범죄이론에 관한 내용으로 가장 적절한 것은?
① 셸던(Sheldon)은 인간의 체형을 중배엽형(mesomorph), 내배엽형(endomorph), 외배엽형(ectomorph)으로 구분하고, 이 중 외배엽형은 활동적이고, 공격적이며, 폭력적 면모를 가진다고 주장하였다.
② 고링(Goring)은 수형자와 일반사회인에 대한 비교 연구를 통해 유전보다는 환경의 역할이 결정적이라고 주장하였다.
③ 초남성(supermale)으로 불리는 XXY 성염색체를 가진 남성은 보통 남성보다 공격성이 더 강한 것으로 알려져 있다.
④ 범죄성 유전에 대한 가계도 연구는 쥬크(Juke)가(家)와 칼리카크(Kallikak)가(家)에 대한 연구가 대표적이다.

14 사회해체이론(Social Disorganization Theory)에 관한 설명으로 가장 적절하지 <u>않</u>은 것은?
① 쇼(Shaw)와 멕케이(Mckay)는 지역사회의 특성과 청소년비행 간의 관계를 검증하였다.
② 지역사회의 생태학적 변화를 범죄 발생의 주요 원인으로 본다.
③ 초기 시카고학파의 학자들은 지역사회수준의 연구결과를 개인의 행동에 적용하는 생태학적 오류(ecological fallacy) 문제를 해결하였다는 평가를 받는다.
④ 집합효율성(collective efficacy)이란 공통의 선을 유지하기 위한 지역주민들 사이의 사회적 응집력을 의미하며, 상호신뢰와 유대 및 사회통제에 대한 공통된 기대를 포함하는 개념이다.

15 기소유예에 관한 설명으로 옳지 <u>않</u>은 것은?
① 본래 특별예방사상에 기초를 두고 있고, 일반적으로 기소유예시 보호관찰을 부과하지 않는다.
②「소년법」상 조건부 기소유예는 금고형 이하의 범죄이거나 죄질이 경미한 비행소년에게만 부과된다.
③ 기소유예의 참작 사유는 양형의 참작 사유와 동일하다.
④ 다이버전에 속하며, 법원의 업무부담을 완화하고 형사사법의 효율성을 높일 수 있다는 장점이 있다.

16 다이버전(diversion)에 관한 설명으로 옳은 것은 몇 개인가?

㉠ 공식적인 형사사법절차에 따른 낙인효과의 폐단을 줄이기 위한 해결방식이다.
㉡ 소년분류심사원에의 위탁처분, 보석, 구속적부심사도 여기에 해당한다.
㉢ 담당자에게 광범위한 재량이 주어져 형사사법의 불평등이 심화될 우려가 있다.
㉣ 사실상 유죄추정에 근거한 처분을 내리게 되므로 헌법상의 권리를 침해한다는 비판이 있다.
㉤ 형사법의 대상조차 되지 않을 사건을 다이버전으로 취급함으로써 사회적 통제가 오히려 강화된다는 비판이 있다.
㉥ 다이버전은 유죄확정 전 형사개입이라는 점에서 또다른 형사사법절차의 창출이라는 비판도 있다.
㉦ 경미범죄에 대한 경찰의 훈방조치 내지 지도장 발부, 범칙금 납부제도 등은 넓은 의미의 비범죄화의 일환이고, 다이버전의 일종이다.

① 1개 ② 3개
③ 5개 ④ 6개

17 애그뉴(Agnew)의 일반 긴장이론(General Strain Theory)에 관한 설명 중 옳은 것은 모두 몇 개인가?

㉠ 모든 사회인구학적 집단의 범죄행위와 비행행위를 설명하는 일반이론 중 하나이다.
㉡ 개인적인 스트레스와 긴장이 범죄의 유발요인이므로 미시적 수준의 범죄이론으로 볼 수 있다.
㉢ 긴장 원인의 복잡성과 부정적 감정의 상황들을 밝혀내어 결국 아노미 이론을 축소시켰다.
㉣ 부정적 자극의 발생(presentation of negative stimuli)은 일상생활에서 자신이 통제할 수 없는 부정적 사건의 발생을 의미하며, 부모의 사망 등이 대표적 사례이다.

① 0개 ② 1개
③ 2개 ④ 3개

18 제프리(Ray C. Jeffery)가 제시한 범죄대책에 관한 설명으로 옳지 않은 것은?
① 범죄억제모델은 형벌을 수단으로 범죄를 예방하려는 모델로서 처벌의 신속성, 확실성, 엄격성을 요구한다.
② 사회복귀모델은 범죄인의 복지에 대한 관심을 본격적으로 유발한 모델로서 현대 행형에서 강조되고 있다.
③ 범죄통제모델은 롬브로조(C. Lombroso)의 생물학적 결정론과 같은 이론에 근거하는 모델로서 임상적 치료를 통해 개선하는 방법을 이용한다.
④ 환경공학적 범죄통제모델은 궁극적인 범죄방지는 사회환경의 개선을 통해 이루어질 수 있다고 주장한다.

19 「보호소년 등의 처우에 관한 법률」상 수용과 보호 등에 대한 설명으로 옳은 것은?
① 소년원장은 분류수용, 교정 교육상의 필요, 그 밖의 이유로 보호소년을 다른 소년원으로 이송하는 것이 적당하다고 인정하면 소년부 판사의 허가를 받아 이송할 수 있다.
② 소년원장은 14세 미만의 보호소년에게는 20일 이내의 공동행사 참가 정지 또는 20일 이내의 기간 동안 지정된 실(室) 안에서 근신하게 하는 징계를 할 수 없다.
③ 보호소년 등이 변호인이나 보호자 등과 면회할 때에는 소속 공무원이 참석하지 아니한다. 다만, 보이는 거리에서 보호소년 등을 지켜볼 수 있다.
④ 소년원장은 품행이 타인의 모범이 되는 보호소년에게 포상을 할 수 있고, 이에 따른 포상을 받은 보호소년에게는 특별한 처우를 할 수 있다.

20 갈등이론에 관한 아래 ㉠부터 ㉣까지의 설명 중 옳고 그름의 표시(○, ×)가 모두 바르게 된 것은?

㉠ 범죄는 자본주의 사회의 본질적인 불평등과 밀접한 관련이 있다고 본다.
㉡ 터크(Turk)는 자본가들의 지배에 대항하는 범죄형태를 저항범죄(crime of resistance)라고 정의하였다.
㉢ 볼드(Vold)는 범죄를 개인적 법률위반이 아니라 집단 간 투쟁의 결과로 보았다.
㉣ 퀴니(Quinney)는 법이 집행되는 과정에서 특정한 집단의 구성원이 범죄자로 규정되는 과정에 주목하였다.

① ㉠(○) ㉡(×) ㉢(○) ㉣(×)
② ㉠(○) ㉡(×) ㉢(×) ㉣(○)
③ ㉠(×) ㉡(○) ㉢(○) ㉣(×)
④ ㉠(×) ㉡(○) ㉢(×) ㉣(○)

정답 및 해설

제1회 보호직 동형 모의고사 정답 및 해설

1	2	3	4	5	6	7	8	9	10
①	④	④	③	③	③	③	①	①	④
11	12	13	14	15	16	17	18	19	20
③	②	②	②	②	①	①	③	④	④

문1. 정답 ①
① 보호감호는 폐지된 「사회보호법」에서 규정하고 있었으나 폐지되어 현행법에서는 전혀 채택하고 있지 않다.

문2. 정답 ④
①,②,③은 **고전주의 범죄학파**의 기본입장이다.
④ '고전주의 이론'은 범죄를 저지르는 이유가 아니라 범죄를 저지르지 <u>않는</u> 이유를 설명하는 데 초점을 맞춘다. '실증주의 이론'은 고전주의 이론과는 반대로 <u>범죄를 저지르는 원인</u>을 밝히는 데 중점을 둔다. **고전주의**가 범죄 행동을 <u>자유의지에 의한 선택</u>에 의해 행하여지는 것으로 본다면, **실증주의**는 인간 행동이 개인적 기질과 다양한 환경요인에 의하여 통제되고 결정된다고 본다. 다시 말해, 고전주의가 인간 행동에 대해 자유의지를 강조한다면, **실증주의는 인간 행동에 대해 결정론적으로 해석**하는 것을 중요시하는 편이다. **고전주의**가 계몽주의·공리주의에 사상적 기초를 두고 범죄를 형이상학적·사변적으로 설명한다면, **실증주의**는 형이상학적 설명보다는 체계화된 자연과학적 인과관계의 검증과 과거 경험이 범죄에 미치는 영향을 설명하는 데 중점을 둔다. **고전주의**가 효과적인 범죄예방은 형벌을 통해 사람들이 범죄를 포기하게 하는 것이라고 주장한다면, **실증주의**는 범죄인의 개선 자체에 중점을 둔 교정이 있어야 효과적인 범죄예방이 가능하다고 주장한다.

문3. 정답 ④
④ 2007년 이전까지는 「소년법」상 사회봉사·수강명령이 보호관찰의 부수적 처분으로만 인정되었으나, 2007년 개정 이후에는 **독립적 보호처분**이 되었다. 따라서 <u>보호관찰을 부과하면서 동시에 부과할 수 있는 것만이 아니라</u>, 사회봉사명령과 수강명령을 각각 독자적으로 하나씩 부과할 수도 있고, 보호관찰과 동시에 부과할 수도 있다.

문4. 정답 ③

③ 3차적 범죄예방에 해당하는 것으로는 **특별억제, 무력화(무능력화), 사회복귀(갱생)** 등이다. 이러한 처분은 대부분 형사사법기관에 의해 이루어진다. 따라서 <u>3차적 예방 수단들은 대부분 형사사법기관에 의해 이루어진다</u>. 제3차적 범죄예방은 <u>실제 범죄자를 대상으로 재범을 하지 않도록 하기 위한 활동</u>이다.

문5. 정답 ③

③ **다이버전**은 다양한 개념으로 사용되고 있지만, 일반적으로 <u>공식적 절차로부터의 이탈과 동시에 사회 내 처우 프로그램에 위탁하는 것</u>을 그 내용으로 한다. 다이버전은 형사사법의 탈제도화라는 의미에서 <u>낙인</u>이론의 산물이다. 다이버전은 대상자에 대한 처우 실시 여부에 따라 <u>단순형 다이버전</u>과 **개입형 다이버전**으로 나눌 수 있다. 개입형 다이버전의 예로는 범죄인에 대한 교육과 직업 알선, 지역사회 처우프로그램 실시, 의학적·심리적 치료, 피해자에 대한 손해배상이나 화해, 조건부 기소유예 등을 들 수 있다. 다이버전은 사회통제수단으로서의 형벌이 갖는 기능상의 한계로 인식되는 <u>형사사법의 비효율성과 형사처벌로 인한 과잉처벌 및 낙인효과의 문제점</u>에 대한 비판에서 시작된 제도이다. 전환적 처우는 <u>범죄원인의 제거와 무관하다는 점</u>, 사법절차에서 결정기관의 재량을 허용하므로 적법절차를 이완시켜 <u>불공정한 법 집행(형사사법의 불평등)이 나타날 수 있는 점(**사법절차상 재량권 확대**)</u> 등이 비판받는다. 또한 다이버전의 등장으로 인하여 형사사법의 대상조차 되지 않을 문제가 다이버전의 대상이 된다는 점에서 **사회통제(형사사법망)의 확대·강화**라는 비판도 받고 있다. 또한 형벌의 고통을 감소시켜 재범 위험성을 더욱 증가시킬 가능성이 있고, 범죄 원인을 제거하려는 적극적인 처우가 아니라 공식적인 형사법절차를 비공식적 절차로 떠넘기는 것에 불과하다는 비판도 있다.

문6. 정답 ③

③ 범죄와의 관련성이 <u>거의 없다</u>. 무력성·자신결핍성·우울성 정신병질은 범죄관련성이 <u>적다</u>.

문7. 정답 ③
　　연구방법론은 정확한 데이터 및 객관적 자료의 수집·분석에 관하여 논의된다. 연구의 **일반화·타당도·신뢰도**는 사회과학 연구에서 핵심 기준이다. '**일반화**'란 특정 대상에 관한 연구 결과를 그것과 유사한 대상에 적용하는 정도를 말한다. '**신뢰도**'는 동일한 내용을 반복·시행할 때 그 결과가 일관성 있게 나타나는 수준을 말한다. '**타당도**'는 연구 대상을 얼마나 정확하게 측정하는지의 정도이다. 연구 설계는 **횡단적 연구 설계와 종단적 연구 설계**로 구분한다. '**종단적 연구설계**'는 변수 간의 시점을 달리하여 두 개 이상의 시기에 걸쳐 정보를 반복적으로 수집함으로써 시간적 변화를 조사하는 방법으로서, 발달범죄학에서 강조하는 연구방법이다. '**횡단적 연구설계**'는 하나의 특정 시점에 수집된 자료를 이용하는 방법으로, 전통적인 실증연구에서 중시되었다.
　　③(×) 실험 연구는 연구자가 필요한 조건을 통제함으로써 **내적 타당성을 확보하기에 용이하다는 것**이 장점 중 하나이다. **실험**은 **양적 연구에 속하지만 외적 타당성 확보가 그다지 쉽지 않다.**
　　①(○) 범죄통계를 이용하는 연구 방법에서 사용하는 통계치는 '**범죄율**'과 '**검거율**'이다. '**범죄율**'은 일정한 기간(보통 1년) 동안 어떤 단위 지역에서 **인구 10만 명당** 몇 명의 범죄자 있는지로 나타낸다. **범죄율 = (범죄 건수 ÷ 인구) × 100,000**. '**검거율**'은 "한 해 발생한 범죄사건 중에서 범인이 검거된 비율"을 나타내는 것이 아니라, 어느 해에 발생했는지와는 상관없이 **한 해 동안 범인을 검거한 사건 수에서 한 해 동안 인지한 사건 수**를 나누어서 백분율로 계산한 수치이다. 그러므로 검거율은 100%를 넘는 경우도 종종 발생할 수 있다.
　　②(○) 질적 연구는 양적 연구에 비해 연구 결과의 **외적 타당성을 확보하기 어렵다는** 단점이 있다. **외적 타당성**이란 한 연구조사나 실험에서 얻은 결론들이 다른 이론적 구성요소나 현상들에게까지 적용할 수 있는 정도를 말한다. 다시 말해 연구 결과를 다른 대상, 다른 시기, 다른 상황에 **일반화할 수 있는 정도**를 말한다. 이러한 일반화의 정도가 크면 클수록 그 연구 결과의 외적 타당도가 높다고 평가 된다. 공식통계분석이나 설문조사, 표본조사 등 **양적 연구는 질적 연구에 비해 외적 타당성을 확보하기 용이하다.**

문8. 정답 ①
　　① 쇼와 맥케이(Shaw & McKay)는 높은 범죄율의 원인이 **특정 인종이나 민족과 같은 개인적인 특성이 아니라** 지역적 특성과 관련되어 있다고 보았다. 따라서 지역 거주민의 인종과 민족이 바뀌어도 해당지역의 범죄율은 그에 따라 **변하지 않는다고** 보았다. 이와 같은 현상을 버식과 웹은 '**거주지 계승**'이라는 개념으로 설명한다. 즉, 거주지의 특성이 거주자의 개별적인 특성과 관계없이 범죄를 유발하는 요인이 되어 세대를 이어 전승되기 때문에 **전이지역**은 주민들의 구성이 달라진다 해도 지속해서 범죄율이 가장 높게 유지된다는 것이다.

문9. 정답 ①

① 코헨의 비행적 하위문화이론은 갈등이론의 범주에 속하지 않고, 긴장이론의 범주에 속한다. 하위문화이론(문화적 일탈이론)으로서 갈등이론의 범주에 속하는 이론은 밀러의 하위계층문화이론이다. 코헨은 주로 머튼의 사회적 긴장이론 또는 아노미이론의 틀을 빌어 비행하위문화의 형성과정 및 유래를 제시한다. 프로이트(S. Freud)의 '반항 형성' 아이디어와 머튼의 아노미이론을 응용해서, 비행적 하위문화는 중산층의 사회규범에 대한 반항에서 비롯된다는 하위문화이론을 제시했다. 하위계층 청소년들은 중류계층이 요구하는 가치기준(가치척도)을 충족시킬 수 있는 언어나 사회적 기술을 갖지 못해, 그 결과 그들에 대한 사회적 '지위박탈'은 '지위좌절'을 낳는다. '지위좌절'이란, 사회적 조건이 그들에게 보다 큰 사회에 의해 정의되는 성공을 이룰 수 없도록 하기 때문에 하위계층 청소년이 경험하게 되는 문화적 갈등(충격)을 말한다. 코헨에 의하면, 비행하위문화는 이러한 지위좌절에 대한 '반동 형성'의 결과라는 것이다. 다시 말해, 경제적 목표와 수단 사이의 불일치(괴리)가 긴장을 유발하는 것이 아니라 중간계급의 문화적 가치에 대한 부적응이 긴장을 유발한다는 것이다.

문10. 정답 ④

④(×) 중산층 문화에 적응하지 못한 하위계층 출신 소년들이 자기를 궁지에 빠뜨렸던 문화·가치체계와는 정반대의 문화를 만들어 자신들의 지위좌절에 대한 적응의 문제를 집단적으로 해결하려고 비행적 하위문화를 형성한다고 설명하는 이론은 코헨의 비행적 하위문화이론이다. 이는 사회구조적 이론 또는 거시환경이론에 속한다.
사회과정이론, 미시적 범죄이론의 범주에 속하는 이론으로는 사회적 학습이론, 사회적 통제이론, 사회적 반응이론(낙인이론)이 있다. ①,②,③이 사회과정이론, 미시적 범죄이론의 범주에 속한다.
①(○) 사회적 학습이론에 속하는 차별적 교제이론에 해당한다.
②(○) 사회적 통제이론에 속하는 범죄 일반이론 또는 자기통제이론에 해당한다.
③(○) 사회적 통제이론에 속하는 사회적 결속(유대)이론에 해당한다.

문11. 정답 ③

③(×) 절대적 부정기형은 죄형법정주의에 반하지만, 상대적 부정기형은 반하지 않는다.
④(○) 「소년법」에서만 부정기형을 선고할 수 있도록 규정하고 있다.

> **참고** 부정기형의 찬·반론
>
> **도입 찬성론**
> - 부정기형은 개선의 목적을 달성하기 위한 가장 적합한 방법이다.
> - 위험한 범죄자나 상습적 누범자에 대하여 장기간 구금이 확보되기 때문에 그들로부터 사회를 방위할 수 있다.
> - 부정기형을 채택함으로써 재범의 위험성에 부합하는 형을 집행할 수 있으므로 실질적으로 형의 불균형을 시정할 수 있다.
> - 초범자나 범죄성이 계속되지 않는 자에게는 수형기간을 단축한다는 이점이 있고, 자신의 석방기일을 스스로의 노력에 따라 당길 수 있으므로 개선의욕이 촉진된다.
> - 형기가 부정기라는 사실 그 자체가 범죄자에 대하여 위하효과를 가진다.
> - 사회복귀가 충분히 기대될 수 없는 범죄자에 대해서는 교정시설에 계속 구금함으로써 처우의 효과와 사회보호(방위)효과를 기대할 수 있다.
> - 수형기간을 처우진도에 따라 결정할 수 있다는 것(처우의 개별화)은 사회나 수형자 모두에게 이익이 된다.
> - **상대적 부정기형**은 죄형법정주의에 반하지 **않는다**.
>
> **도입반대론**
> - 형기가 장기화될 경향이 있는 부정기형은 책임을 초과하는 형벌을 가능하게 하는 문제가 있고, 충분한 개선효과가 있는가 하는 점이 의문이다.
> - 주로 빈곤하고 사회적으로 불이익을 받고 있는 사람에 대하여 과해지는 경향이 있으므로 사회적 불공정이 야기될 수 있다.
> - 운용의 실제에 있어서 인권침해를 가져올 염려가 있다.
> - 부정기형을 선고받은 수형자는 언제 석방될지 모른다는 정신적 불안감을 가지며, 석방시기의 결정이 교정담당기관의 평가에 달려 있어 객관적인 형집행이 어렵다.
> - 부정기형은 교활한 수형자에게는 유리하지만, 사회적 적응력이 떨어지는 수형자에게는 오히려 준엄한 형벌이 될 수 있다.
> - 석방기일이 분명하지 않기 때문에 수형자간에 지나친 긴장을 가져올 뿐만 아니라, 그 가족에 대해서도 상당한 압박을 주게 된다.
> - 가석방의 결정과정에 관하여 적정절차의 보장이 결여되어 있고, 그 판단기준도 모호하다.
> - **절대적 부정기형**은 죄형법주의의 위반으로 **허용할 수 없다**.

문12. 정답 ②

② 펠슨과 코헨은 1950년대 이후 미국에서 약탈적 범죄가 크게 증가한 이유를 일상활동에 영향을 미친 사회 여건 변화를 설명함으로써, 거시적으로 시간의 흐름에 따른 범죄율의 변화를 중점적으로 설명했다. 거시적 차원에서의 일상활동이론은 거대 사회의 변화 및 지역사회의 어떠한 특징이 미시적 차원에서의 세 가지 범죄 발생 요건의 결합에 의한 범죄(피해)발생을 더 쉽게 하는지를 설명한다. 다시 말해, 동기화된 범죄자·적합한 표적(대상)·보호의 부재 중 특히 적합한 표적(대상)과 보호의 부재가 시대 흐름에 따른 생활 여건의 변화에 따라 어떻게 범죄(피해) 발생을 더 쉽게 만드는지를 설명하고 있다.

문13. 정답 ②
환경설계를 통한 범죄예방(CPTED)란 도시 생활 공간 등 지역 사회환경을 범죄를 저지르기 어려운 구조로 설계하여 범죄자의 범죄심리를 억제하고 주민들의 범죄에 대한 두려움을 줄이는 기법을 말한다. 이것의 일차적 목표는 범죄 예방이고 이차적 목표는 범죄에 대한 두려움을 낮추는 것(범죄 불안감 저감)이다. 이는 물리적 환경 개선과 범죄 안전 교육 등 사회적 환경 개선을 통해 추구된다.
② 자연적 감시(×) → 영역성 강화(○). 영역성 강화란 사적 공간에 대한 경계를 표시함으로써 주민의 주인의식과 책임감을 증대시키고 사적 공간에 대한 관리권을 강화시키는 원리이다.

문14. 정답 ②
② 증오범죄는 피해자에 대한 개인적 원한 또는 복수심이 원인이 아니라, 그러한 관계가 없는 낯선 사람 사이에서 주로 범해진다. 그 특징으로는 합리적 동기가 아니라 비합리적이며, 불특정인을 표적으로 삼는다는 점이다.

문15. 정답 ②
② 임상적 예측법을 일반적으로 '전체적 관찰법'이라고도 한다. 이는 범죄자 또는 비행소년의 소질과 인격 전체에 대한 구체적인 상황을 전체적으로 종합·분석하여 그 사람의 범죄성향을 임상적 경험에 의하여 예측하는 방법이다.
① 직관적 예측법은 경찰·검사·교도관 등이 그 분야의 오랜 경험을 바탕으로 한 직관적 예측 능력을 활용하여 예측하는 방법이다. 이 방법은 예측하는 사람의 개별적 경험을 바탕으로 주관적 판단·경험·지식 등에 의해 분석·평가하여 객관적 기준 없이 이루어지기 때문에 판단자에 따라 다른 기준이 나올 수 있고, 자의적 판단에 따른 불공정이 나타날 수 있다.
④ 통합적 예측법은 직관적 예측법과 통계적 예측법, 임상적 예측법을 조합함으로써 그 각각의 예측 방법의 단점을 보완하는 절충적인 방법이다.

문16. 정답 ①
① '개별주의' 보호원칙에 부합한다.
② 소년보호조치를 할 때에는 과학적 전문지식을 바탕으로 소년의 범죄성 진단과 분류심사가 행해져야 한다. 이는 '과학주의' 보호원칙이다. 「소년법」 제9조(조사 방침) 조사는 의학·심리학·교육학·사회학이나 그 밖의 전문적인 지식을 활용하여 소년과 보호자 또는 참고인의 품행, 경력, 가정 상황, 그 밖의 환경 등을 밝히도록 노력하여야 한다. 제12조(전문가의 진단) 소년부는 조사 또는 심리를 할 때에 정신건강의학과의사·심리학자·사회사업가·교육자나 그 밖의 전문가의 진단, 소년 분류심사원의 분류심사 결과와 의견, 보호관찰소의 조사결과와 의견 등을 고려하여야 한다.
③ 비행사실 자체보다는 현재의 인격 특징을 중시해야 한다(인격주의).
④ 시설내처우보다는 사회내처우를 우선시해야 한다(보호주의, 예방주의).

문17. 정답 ①
① 소년이 형의 집행 중에 <u>23세</u>가 되면 일반 교도소에서 <u>집행할 수 있다</u>. 같은 법 제62조 단서 참조.
② 같은 법 제65조 참조.
③ 같은 법 제63조 참조.
④ 같은 법 제59조 참조.

문18. 정답 ③
①(×) 구조피해자나 유족이 해당 구조대상 범죄피해를 원인으로 하여 손해배상을 받았으면 그 범위에서 구조금을 지급하지 <u>아니한다</u>. 법 20조 참조.
②(×) 외국인이 구조피해자이거나 유족인 경우에는 <u>해당 국가의 상호보증이 있는 경우에만</u> 구조금을 지급하여야 한다. 법 23조 참조.
④(×) 범죄피해 구조금을 받은 사람이 거짓이나 그 밖의 부정한 방법으로 범죄피해 구조금을 받은 경우, 국가는 범죄피해구조심의회 또는 범죄피해구조본부심의회의 결정을 거쳐 그가 받은 범죄피해 구조금의 <u>전부 또는 일부를 환수할 수 있다</u>. 법 제30조 1항 참조.

문19. 정답 ④
① 가석방된 자가 보호관찰의 준수사항을 위반하고 <u>그 정도가 무거운 때에는</u> 가석방처분을 <u>취소할 수 있다</u>. 「형법」 제75조 참조.
② 가석방은 일반예방보다는 <u>특별예방을 중시하는 제도</u>이다.
③ 가석방처분이 취소된 경우에는 가석방 중의 일수는 형기에 산입할 수 없다. 「형법」 제76조 2항 참조.
④ 「형법」 제73조의 2 제2항 참조.

문20. 정답 ④
④(×) 방화범죄는 전자장치 부착 대상 범죄가 아니다. 같은 법 제2조 참조. **전자장치 부착명령**은 특정범죄인 **성폭력범죄, 미성년자 대상 유괴범죄, 살인범죄**(미수·예비·음모 포함) 및 **강도범죄, 스토킹범죄**를 범한 <u>19세 미만자를 포함하는 범죄자</u>가 대상이다. 만 19세 미만의 자에 대해서도 <u>부착명령을 선고할 수는 있으나</u>, 19세 미만자에 대하여 부착명령을 선고한 때에는 <u>19세에 이르기까지는 전자장치를 부착할 수 없다</u>. 그리고 「스토킹범죄의 처벌 등에 관한 법률」에서는 스토킹범죄의 원활한 조사·심리 또는 피해자 보호를 위하여 필요하다고 인정되는 경우에는 법원의 결정으로 스토킹행위자에게 전자장치부착을 할 수 있도록 규정하고 있다. 같은 법 제9조 1항 참조.

보호직 동형 모의고사 정답 및 해설

1	2	3	4	5	6	7	8	9	10
④	③	①	②	①	③	③	③	④	④
11	12	13	14	15	16	17	18	19	20
②	②	④	④	①	④	③	①	④	④

문1. 정답 ④

ⓜ ×. '소년분류심사원에 위탁'은 임시조치이고, 보호처분에 해당하지 않는다. '소년분류심사원에 위탁' 기간은 1개월 이내이고, 한 번에 한하여 연장할 수 있다. 같은 법 제18조 및 제33조 참조.

> **소년법 제32조(보호처분의 결정)** ① 소년부 판사는 심리 결과 보호처분을 할 필요가 있다고 인정하면 결정으로써 다음 각 호의 어느 하나에 해당하는 처분을 하여야 한다.
> 1. 보호자 또는 보호자를 대신하여 소년을 보호할 수 있는 자에게 감호 위탁
> 2. 수강명령
> 3. 사회봉사명령
> 4. 보호관찰관의 단기(短期) 보호관찰
> 5. 보호관찰관의 장기(長期) 보호관찰
> 6. 「아동복지법」에 따른 아동복지시설이나 그 밖의 소년보호시설에 감호 위탁
> 7. 병원, 요양소 또는 「보호소년 등의 처우에 관한 법률」에 따른 의료재활소년원에 위탁
> 8. 1개월 이내의 소년원 송치 9. 단기 소년원 송치 10. 장기 소년원 송치
> ② 다음 각 호 안의 처분 상호 간에는 그 전부 또는 일부를 병합할 수 있다.
> 1. 제1항 제1호·제2호·제3호·제4호 처분
> 2. 제1항 제1호·제2호·제3호·제5호 처분
> 3. 제1항 제4호·제6호 처분
> 4. 제1항 제5호·제6호 처분
> 5. 제1항 제5호·제8호 처분 ▫ 1개월 이내의 소년원 송치와 병합할 수 있는 것은 장기보호관찰. ▫ 병합할 수 없는 보호처분은 병원, 요양소 또는 「보호소년 등의 처우에 관한 법률」에 따른 의료재활소년원에 위탁, 단기 소년원 송치, 장기 소년원 송치이다.
> ③ 사회봉사명령의 처분은 14세 이상의 소년에게만 할 수 있다.
> ④ 수강명령 및 장기 소년원 송치은 12세 이상의 소년에게만 할 수 있다.
> ⑤ 제1항 각 호의 어느 하나에 해당하는 처분을 한 경우 소년부는 소년을 인도하면서 소년의 교정에 필요한 참고자료를 위탁받는 자나 처분을 집행하는 자에게 넘겨야 한다.
> ⑥ 소년의 보호처분은 그 소년의 장래 신상에 어떠한 영향도 미치지 아니한다.
> **소년법 제32조의2(보호관찰처분에 따른 부가처분 등)** ① 제32조 제1항 제4호 또는 제5호의 처분을 할 때에 3개월 이내의 기간을 정하여 「보호소년 등의 처우에 관한 법률」에 따른 대안교육 또는

소년의 상담·선도·교화와 관련된 단체나 시설에서의 상담·교육을 받을 것을 동시에 명할 수 있다.
② 단기 보호관찰 또는 장기 보호관찰의 처분을 할 때에 1년 이내의 기간을 정하여 야간 등 특정 시간대의 외출을 제한하는 명령을 보호관찰대상자의 준수 사항으로 부과할 수 있다.
③ 소년부 판사는 가정상황 등을 고려하여 필요하다고 판단되면 보호자에게 소년원·소년분류심사원 또는 보호관찰소 등에서 실시하는 소년의 보호를 위한 특별교육을 받을 것을 명할 수 있다.
제33조(보호처분의 기간) ① 제32조 제1항 제1호·제6호·제7호의 위탁기간은 6개월로 하되, 소년부 판사는 결정으로써 6개월의 범위에서 한 번에 한하여 그 기간을 연장할 수 있다. 다만, 소년부 판사는 필요한 경우에는 언제든지 결정으로써 그 위탁을 종료시킬 수 있다.
② 단기 보호관찰기간은 1년으로 한다.
③ 장기 보호관찰기간은 2년으로 한다. 다만, 소년부 판사는 보호관찰관의 신청에 따라 결정으로써 1년의 범위에서 한 번에 한하여 그 기간을 연장할 수 있다.
④ 수강명령은 100시간을, 사회봉사명령은 200시간을 초과할 수 없으며, 보호관찰관이 그 명령을 집행할 때에는 사건 본인의 정상적인 생활을 방해하지 아니하도록 하여야 한다.
⑤ 단기로 소년원에 송치된 소년의 보호기간은 6개월을 초과하지 못한다.
⑥ 장기로 소년원에 송치된 소년의 보호기간은 2년을 초과하지 못한다.
⑦ 제32조 제1항 제6호부터 제10호까지의 어느 하나에 해당하는 처분을 받은 소년이 시설위탁이나 수용 이후 그 시설을 이탈하였을 때에는 위 처분기간은 진행이 정지되고, 재위탁 또는 재수용된 때로부터 다시 진행한다.

문2. 정답 ③
③ 임상적 예측법은 예측하는 사람의 개인적 주관에 따라 다른 예측 결과가 나타날 수 있으므로, 객관성을 보장할 수 없다는 단점이 있다.

문3. 정답 ①
① 대법원은 "집행유예 기간의 시기는 집행유예를 선고한 판결 확정일로 하여야 하고, 법원이 판결 확정일 이후의 시점을 임의로 선택할 수 없다"고 판시하였다. 대판 2002. 2.26, 2000도 4637, 대판 2019.2.28., 2018도 13382 참조.
② 형법 제63조 참조.
③ 형법 제60조 참조.
④ 형법 제59조 2 참조.

문4. 정답 ②
② 코헨(L.E. Cohen)과 펠슨(Felson)은 일상활동이론에서 범죄 발생의 세 가지 요건으로, **범죄의 동기가 주어진 잠재적 범죄자, 범죄에 적합한 대상, 범죄 발생을 저지하는 감시(보호)의 부재** 등을 들고, 범죄에 적합한 대상이 있고 범죄에 대한 감시(보호) 부재 상황에서는, 동기가 주어진 범죄자가 쉽게 범죄를 저지르게 된다고 본다.

문5. 정답 ①

①(×) 범죄가 많은 지역일수록 공동체의 응집력 수준인 집합효율성이 낮다는 것을 강조하는 이론은 **샘슨의 집합효율성이론**이다. **윌슨과 켈링의 깨진 유리창 이론**은 무질서가 범죄나 범죄에 대한 두려움의 원인이 된다는 것을 강조한다. 따라서 법률에 의해 규정된 범죄에 대한 대응만이 아니라, 법률로 규정하지 않은 지역사회의 물리적·사회적 무질서와 가벼운 질서 위반행위까지 철저히 단속하여야 한다고 주장한다. 이에 따라 '**무관용 원칙**'과 '**지역사회 경찰찰활동**'이 강조되었다.

문6. 정답 ③

③(×) 하위계층 청소년들의 비행 원인을 지위좌절, 반항 형성, 하위문화의 형성으로 설명하는 것은 코헨의 비행하위문화이론이다.

문7. 정답 ③

③ 사회통제기관이나 기성세대를 부패한 자들로 규정하여 자기를 심판할 자격이 없다고 함으로써 자신의 범죄행동을 정당화하는 것은 '비난자에 대한 비난'에 해당한다.

유 형	내 용
책임의 부정	범죄자는 자신을 사회상황의 희생자로 여긴다. 즉 자기의 주위의 환경이 자신으로 하여금 범죄를 범하도록 만들었기 때문에 범죄는 자기 잘못이 아니라는 주장이다. '비행자는 상황의 피해자다'라고 합리화하는 논리. "내 잘못이 아니야"
피해(가해)의 부정 (손상의 부인)	범죄자는 자기행동을 사회통제기관과 달리 해석한다. 예를 들면, 기물파괴는 장난이고, 자동차절도행위는 빌린 행위이고, 불량집단간의 싸움은 사적인 다툼일 뿐이고, 방화로 소실된 물건은 보험회사에서 보상해주므로 자신의 행위는 어떠한 피해도 야기하지 않았다는 변명이다. '어느 누구도 자기 행위로 손상당하지 않는다', '피해자들이 쉽게 극복할 수 있다'는 논리
피해자의 부정	침해는 피해자가 응당 받아야 할 피해라는 식으로 범죄행동을 정당화한다. 예를 들면, 피해자가 범죄를 자초했다고 여기거나 유혹했다고 변명하거나 상대가 나쁜 놈이라서 맞았다고 주장한다. '피해는 나쁜 것이 아니고, 그것은 발생할만한 상황에서 주어진 것이다', '마땅히 받아야할 피해를 당한 것이다'라고 여기는 논리
비난자에 대한 비난	사회통제기관이나 기성세대를 부패한 자들로 규정하여 자기를 심판할 자격이 없다고 함으로써 범죄행동을 정당화한다. 범죄자는 오히려 자기를 비난하는 자를 위선자나 범죄자라고 부르면서 자신의 죄를 부인하는 논리
고도의 충성에의 호소 (상위가치에 대한 호소)	주관적으로 높은 가치규범을 끌어들여 자기행동을 정당화한다. 예컨대 형법의 요구보다는 자신이 속한 집단의 연대성이 우위에 있다고 생각하여 범죄를 정당화하거나 민족정기를 수호하기 위해서 매국노를 공격하는 것은 나쁘지 않다고 정당화시키는 경우이다. "내가 속한 집단을 위해 했다"는 논리

문8. 정답 ③
③ 갓프레드슨과 허쉬는 성인기 사회유대의 정도가 한 개인의 자기 통제능력을 변화시킬 수 있다고 보지 않고, 일생 동안 안정적으로 유지된다고 보았다. 이러한 특성 때문에 이 이론을 '잠재적 특성이론'으로 분류하기도 한다.

문9. 정답 ④
④ 레머트는 일탈행위에 대한 사회적 반응 중 형벌을 통한 공식적인 반응이 가장 권위 있고 광범위한 영향력을 행사하는 것으로 보았다.

문10. 정답 ④
④(×) 합법적인 기회구조와 비합법적인 기회구조 모두가 차단된 상황에서 폭력을 수용한 경우에 나타나는 하위문화는 갈등적 하위문화이다.
②(○) 레크리스의 봉쇄이론(Containment Theory)은 청소년 비행의 요인으로 내적 배출요인과 외적 압력, 외적 유인요인이 있다고 하였다.

문11. 정답 ②
①(×) 퀴니는 적응범죄(Crime of accommodation)의 예로 강·절도, 폭행을 들고 있다.
②(○) 허쉬의 사회통제이론에서 규범준수에 따른 사회적 보상에 얼마나 관심을 갖는가와 관련된 것은 관여(전념)에 의해 설명할 수 있다.
③(×) 중화기술이론에서 자기행위로 인하여 피해를 본 사람이 있을지 모른다는 것을 인정하면서도 그런 사람은 피해를 입어도 마땅하다고 자기 행위를 합리화하는 기술은 피해자의 부정에 해당한다.
④(×) 레크리스(W.Reckless)는 범죄를 유발하는 외적 압력요인으로 열악한 생활조건·가족 갈등·성공기회의 박탈·열등한 신분적 지위 등을 들고 있다.

문12. 정답 ②
①(×) 의지박약성에 해당함. 폭발성은 사소한 자극에도 신경질적으로 반응하며, 전후를 생각하지 않고 닥치는대로 던지고 때리고 폭언 등으로 난동을 부리는 성향이고, 충동범죄·자해 행위와 관련성이 크다.
③(×) 무력성에 해당함. 무정성은 인간의 고등감정이 없고, 흉악범·범죄단체조직범과 관련이 많다.
④(×) 발양성 정신병질자는 과도하게 낙관적이고, 분별력 없이 떠벌리는 성향이 강하고, 실현 가능성 없는 약속을 쉽게 하여 상습사기범이 되기 쉽다.

문13. 정답 ④
④ 범죄로 인한 피해의 규모가 크지만 행위자는 죄의식이 크지 않고 일반인은 범죄의 유해성을 심각하게 생각하지 않는 것이 대표적인 특징이다.

문14. 정답 ④
④ 피해자가 특정되지 않거나(피해자가 불특정 다수이거나) 간접적 피해자만 존재하는 '피해자 없는 범죄'의 경우, 암수범죄가 발생하기 쉽다.

문15. 정답 ①
① 롬브로조(Lombroso)는 고전주의가 자유의지에 따라 이성적으로 행동하는 인간을 전제로 하여 범죄를 선택에 의해 행해진다고 주장하는 것을 비판하고, 범죄의 원인을 자연과학적 방법으로 분석하여 범죄가 생물학적·환경적으로 결정된다고 주장하였다.

문16. 정답 ④
④ 고전주의 학파는 인간의 합리적인 이성을 신뢰하여 범죄도 자유의지에 따라 선택된 행동으로 보았고, 처벌의 위협을 통해 범죄를 억제할 수 있다고 생각했다. 그래서 비례적 형벌과 일반예방을 중시한다.

문17. 정답 ③
③ 주거를 이전하거나 1개월 이상 국내외 여행을 할 때에는 미리 보호관찰관에게 신고할 것. 「보호관찰 등에 관한 법률」 제32조 2항 참조.

문18. 정답 ①
㉠(○) 같은 법 제46조의 5 참조.
㉡(○) 가스총과 전자충격기를 사용하려는 경우에 한하여 사전에 이를 상대방에게 경고하는 것이 원칙이다. 같은 법 제46조의 4 제2항 참조.
㉢(×) 자살(×) → 자해(○). 머리보호장비는 '자해'의 우려가 큰 때에만 사용하게 할 수 있다. 같은 법 제14조의 2 제5항 참조.
㉣(×) 가스총이나 전자충격기 및 머리보호장비는 호송할 때에는 사용하게 할 수 없다. 같은 법 제46조의 3 제2항 참조.

문19. 정답 ④

④(×) 소년교도소(×). 소년부는 조사 또는 심리를 할 때에 정신건강의학과 의사·심리학자·사회사업가·교육자나 그 밖의 전문가의 진단, 소년분류심사원의 분류심사 결과와 의견, **보호관찰소**의 조사 결과와 의견을 고려하여야 한다. 같은 법 제12조 참조.
①(○) 소년부 판사는 조사관에게 사건 본인, 보호자 또는 참고인의 심문이나 그 밖에 필요한 사항을 조사하도록 명할 수 있다. 같은 법 제11조 1항 참조.
②(○) 소년이 소년분류심사원에 위탁된 경우 보조인이 없을 때에는 법원은 변호사 등 적정한 자를 보조인으로 선정하여야 한다. 같은 법 제17조 2 제1항 참조.
③(○) 동행영장은 조사관이 집행하는 것이 원칙이지만, 소년부 판사는 소년부 법원서기관·법원사무관·법원주사·법원주사보나 보호관찰관 또는 사법경찰관리에게 동행영장을 집행하게 할 수 있다. 같은 법 제16조 제1·2항 참조.

문20. 정답 ④

④(×) 사실상 비범죄화(×) → 법률상 비범죄화(○). 비범죄화는 **사실상(단속상) 비범죄화**와 **법률상 비범죄화**로 나누고, **법률상** 비범죄화는 **입법상**의 비범죄화와 사법(재판)상의 비범죄화로 세분한다. **법률상** 비범죄화는 범죄였던 행위를 법률의 폐지 또는 변경 또는 위헌 결정 등으로 더 이상 범죄로 보지 않는 경우를 말한다.

제3회 보호직 동형 모의고사 정답 및 해설

1	2	3	4	5	6	7	8	9	10
③	④	③	④	③	④	③	④	④	①
11	12	13	14	15	16	17	18	19	20
①	④	①	③	②	④	③	②	④	①

문1. 정답 ③

③(×) 서면 또는 구두로(×) → 서면으로(○). 판결 전 조사 요구를 받은 보호관찰소의 장은 지체없이 이를 조사하여 서면으로 해당 법원에 알려야 한다. 법 제19조 2항 참조.
①(○) 법 제19조 1항 참조.
②(○) 법 제19조의 2 제1항 참조.
④(○) 법 제19조 3항 참조.

문2. 정답 ④

④ ㉠(×) 범죄인류학파에 속하는 학자 중에서 롬브로소와 가로팔로는 사형을 인정하였고, 페리는 사형을 인정하지 않았나. ㉡(×) 루소(J. Rousseau)니 칸트는 정의 실현을 위해서는 사형이 필요하다고 보았다.

문3. 정답 ③

③(×) 가해자는 배상과 교화의 대상으로서 비난을 수용하기보다는 책임을 적극적으로 수용하여야 한다고 주장한다.
④(○) 국가의 법을 어긴 사람에 대해 보복·억제적인 처벌을 위해 제재를 부과하는 **응보적 사법**과는 반대로, **회복적 사법**은 정의 실현을 위한 법 준수보다는 피해자와 지역사회 모두에 대해 끼친 피해의 원상회복과 공동체 사회 강화를 추구한다. 그러므로 회복적 사법은 공익보다는 사적 잘못(private wrong)에 더욱 초점을 맞춘다는 비판을 받는다.

문4. 정답 ④

④(○) 메스너와 로젠펠드(Messner & Rosenfeld)의 **제도적 아노미 이론**에서 주장하는 논리이다. 이 이론은 머튼의 아노미 이론을 거시적 차원에서 계승한 새로운 **사회적 긴장이론**이다.

문5. 정답 ③
③(×) 우범소년은 범죄를 범할 우려만 있지 아직 형사법을 위반하는 행위를 하지 않았으므로, 우범소년에게는 **형벌**은 부과할 수 없지만, **보호처분**은 할 수 있다.

문6. 정답 ④
④(×) 폭력적 하위문화(×) → 범죄적 하위문화(○). 클로워드와 올린은 비행적 하위문화를 갈등적 하위문화, **범죄적** 하위문화, 도피적(은둔적·퇴행적) 하위문화 의 세 가지로 구분하였다.

문7. 정답 ③
③(×) 전자감시는 이를 통해 감시를 우리 가정으로, 일상생활로 확대하여 개인의 프라이버시 침해 우려가 크고, 사법 통제망이 지나치게 확대될 우려가 있다. 전자감시제도를 비판하는 사람들은 기술의 발달이 단지 형사사법 체계의 새로운 개입 범위를 확대시킬 뿐이라고 비판한다. 전자감시 프로그램이 형사법 시스템의 그물망 확대의 한 형태가 될 수 있다는 것이다. '형사사법망의 확대(net-widening)'란 더욱 많은 사람들을 사회 통제의 우산 아래로 끌어들이는 현상을 말한다.

문8. 정답 ④
④ 사회통제이론은 범죄에 대해 **부(−)적**으로 작용하는 통제요인만을 설명할 수 있다. 그러므로 범죄를 유발하는 정(+)적 요인들을 고려하지 못하는 단점이 있다.

문9. 정답 ④
④ 상위가치에 대한 호소(고도의 충성심에의 호소)의 예이다.

문10. 정답 ①
① 갓프레드슨과 허쉬는 성인기의 사회유대의 정도는 한 개인의 자기통제능력을 변화시키지 못한다고 주장했다.
갓프레드슨과 허쉬는 사람의 자기통제력은 8~10세까지 부모의 양육 방법에 의해 형성되어 일생 동안 안정적으로 유지된다고 보고 있다. 그러므로 청소년기의 성장환경요인은 크게 중요하지 않다고 보고 있고, 교정기관에서의 심리치료도 재범방지를 위한 교정교화방법으로 효과가 크지 않다고 본다. 다시 말해, 자기통제이론에서는 어려서의 양육형태가 비행을 결정하는 중요한 요인이 된다고 보았다. 따라서 부모에 의해 형성된 자기통제력은 변함없이 지속적인 성향이 된다고 봄으로써 어릴 때 부모양육이 중요하다고 보면서 애정결핍이나 부적절한 훈육 등의 예방만이 중요하지 청소년기의 어떠한 대책이나 조치도 불필요한 것이라고 보았다. 갓프레드슨과 허쉬는 「범죄의 일반이론」에서 범죄를 저지르려는 성향을 '두 개의 잠재적 특성'과 연계시킨다. '충동성'과 '자기통제력 결여'가 그것이다. 이 이론은 범죄 경력 연구와 관련하여 **잠재적 특성이론**을 대표한다. 잠재적 특성이론은 생애에서의 인간 발달이 출생 시 또는 어린 시기에 나타나는 안정된 성향 또는 '주 특성'에 의해 통제된다고 본다. 이 특성은 지속적이고 변화가 없으므로 범죄행동의 많고 적음은 사람들 간의 상호작용 및 범죄 기회와 같은 외부 조건에 영향을 받는다고 본다. 갓프레드슨과 허쉬의 이론은 생물사회학이론, 심리학이론, 일상활동이론 및 합리적 선택이론에서 나온 개념을 통합함으로써 사회통제이론을 수정한 일종의 **발달이론**이다. 이와 관련하여 다른 견해는 갓프레드슨과 허쉬의 자기통제이론 또는 범죄 일반이론은 반(反) 발달이론으로 보고, 잠재적 속성(특성)이론의 대표적인 주장자를 로우(Rowe)를 들고 있다. 로우 등은 인생 주기에 걸쳐 계속되는 범죄를 설명하기 위해서 '잠재적 속성'이라는 개념을 제시하고, '범죄 경향성'이라는 잠재적 속성이 전 생애에 걸쳐 범죄행위에 영향을 미친다고 보았다. 이 견해에 따르면, 잠재적 속성이론은 범죄 일반이론과는 달리 범죄 문제를 이해하는 데 있어서 범죄자 경력 연구의 중요성을 강조한다고 한다.

문11. 정답 ①
①(×) 레머트는 일차적 일탈과 이차적 일탈을 개념화하면서, '조직적이고 일관성 있게 일어나는 이탈'을 '**이차적 일탈**'로 개념화했다. 낙인이론가들은 '이차적 일탈'을 막기 위한 방법 모색에 초점을 맞추었다. 지역사회의 관심과 역할이 중요하다고 주장하는 이론은 집합효율성이론 등 생태학적 이론이다.
③(○) 패터노스터와 이오반니는 '**지위 특성 가설**'과 '**이차적 일탈**' 가설을 통해 1970년 후반 이후 학계로부터 주목을 받지 못하게 된 낙인이론을 부활시키는 데 큰 기여를 하였다. 초기 낙인이론에 대한 비판으로는, 낙인이론은 하나의 이론으로 보기에는 그 주요 개념들이 명확하지 않고, 개념들 간에 관계가 구체적이지 않으며, 실증적 연구에 의한 타당성이 높지 않아 지지하기 어렵다는 비판이었다. 이들의 연구는 낙인이론의 기원, 낙인이론의 이론적 주장, 낙인이론의 비판에 대한 반박, 초창기 실증 연구들의 문제점들을 체계적으로 정리하고 앞으로 연구들이 나아갈 방향을 제시함으로써 낙인이론이 다시 범죄학의 주요이론으로 자리매김하는 데 크게 이바지한 것으로 평가받는다.

문12. 정답 ④

④(×). 메스너(Messner)와 로젠펠드(Rosenfeld)의 제도적 아노미이론은 **갈등**이론이 아니라, 합의론에 바탕을 둔 **긴장** 이론에 속한다.

문13. 정답 ①

①(×) 조건부 기소유예의 요건으로 법정형의 제한은 없음. 부정기형의 요건으로 법정형 **장기 2년 이상의 유기형**에 해당하는 죄로 제한하고 있는 것과 혼동하지 않도록 주의해야 한다.

문14. 정답 ③

③(×) '신체적 또는 정신적 장애가 있는 사람이 성폭력 범죄를 저지른 때'가 청구 사유가 아니라, '신체적 또는 정신적 장애가 있는 <u>사람에 대하여</u> 성폭력 범죄를 저지른 때'가 청구 사유이다. 법 제5조 1항 참조.

문15. 정답 ②

ⓒ 신경심리적 결함과 ② 낮은 인지 능력은 <u>생애지속형 범죄자</u>의 중요한 원인이다.
⊙ 성숙의 차이와 ⓒ 사회모방은 <u>사춘기(청소년기) 한정형 범죄자</u>의 주된 일탈(범죄) 원인이다.

문16. 정답 ④

④(×) 교도소·구치소의 장에게(×) → 보호관찰소의 장에게(○). 검사는 성폭력 수형자의 주거지 또는 소속 검찰청 소재지를 관할하는 교도소·구치소의 장에게 범죄의 동기 등 성폭력 수형자에 관하여 필요한 사항의 조사를 요청할 수 있다.
①②(○) 법 제22조 2항 참조.
③(○) 법 제23조 1항 참조.

문17. 정답 ③

③(×) 서덜랜드는 처음으로 **화이트칼라 범죄** 개념을 만들었고, 이 범죄도 그의 **차별적 접촉(교제)이론**으로 설명할 수 있다고 주장하였다. 그는 "**높은 사회적 지위와 존경을 받는 사람**이 **직무 수행 과정**에서 범하는 범죄"를 화이트칼라 범죄라고 정의하였다. 오늘날 화이트칼라 범죄의 개념은 대체로 초기 서덜랜드의 정의보다는 그 의미를 넓게 해석하여 개념과 적용 범위를 **확장**하여 적용하려는 경향이 있다. 오늘날에는 <u>사회적 지위가 높은 사람으로 한정하지 않고</u>, 합법적인 직무상 범죄를 화이트칼라 범죄로 보고 있다.

문18. 정답 ②
②(×) 피해자는 제1심뿐만 아니라, 제2심 공판절차에서도 사건이 계속된 법원에 피해배상을 신청할 수 있다.
「소송촉진 등에 관한 특례법」 제25조(배상명령) : 제1심 또는 제2심의 형사공판 절차에서 법정 각 호의 죄 중 어느 하나에 관하여 유죄판결을 선고할 경우, 법원은 직권에 의하여 또는 피해자나 그 상속인의 신청에 의하여 피고사건의 범죄행위로 인하여 발생한 직접적인 물적(物的) 피해, 치료비 손해 및 위자료의 배상을 명할 수 있다.

문19. 정답 ④
④(×) 단기의 3분의 1이 지난(×) → 단기가 지난(○). 법 제60조 4항 참조.
①(○) 소년이 법정형 장기 2년 이상의 유기형에 해당하는 죄를 범한 때에만 부정기형을 선고할 수 있으므로, 장기 2년 미만의 유기형에 해당하는 죄를 범한 때에는 정기형을 선고한다. 법 60조 1항 참조.
②(○) 소년법이 적용되는 '소년'이란 사실심판결 선고 시 기준 19세 미만을 말하므로(판례), 범행 당시 만 19세 미만이었다 하더라도 제1심 또는 제2심 재판 진행 중에 성년자가 된 사실이 인정되면 법원은 정기형을 선고해야 한다.
③(○) 법 제65조 참조.

문20. 정답 ①
①(×) 서덜랜드에 의하면, 범죄행위의 학습 과정은 일반적 학습 과정의 기제와 다르지 않다. 범죄자와 비범죄자의 차이는 학습과정의 차이가 아니라 접촉유형의 차이이다.
④(○) 범죄행위는 일반적인 욕구와 가치관의 표현이지만, 일반적인 욕구와 가치관으로 범죄행위는 설명될 수 없다. 어떤 사람들은 비범죄적 행동을 통해서도 동일한 욕구와 가치관을 표현하기 때문이다.

제4회 보호직 동형 모의고사 정답 및 해설

1	2	3	4	5	6	7	8	9	10
①	①	④	②	②	①	③	②	①	③
11	12	13	14	15	16	17	18	19	20
②	④	④	④	③	③	④	④	④	③

문1. 정답 ①

①(○) '책임의 부정(부인)'은 자신이 어쩔 수 없는 상황에서 그럴 수밖에 없었다고 하면서 자신의 책임을 남의 탓이나 외적인 상황 탓으로 돌리는 변명 기술을을 말한다. 기초수급자로 지정받지 못한 채 어렵게 살고 있던 중에 배가 고파서 편의점에서 빵과 우유를 훔쳤다고 주장하는 사람은 책임의 부정에 해당한다.
② 성매수를 했지만 성인끼리 합의하여 성매매를 한 것이기 때문에 누구도 법적 책임을 질 필요가 없다고 주장하는 사람: **가해(손상·피해)의 부인**
③ 부정한 행위로 인하여 사회적 비난을 받는 사람의 차량을 파손하고 사회정의를 실현한 것이라고 주장하는 사람 : **더 높은 가치에 호소**(고도의 충성심에의 호소)
④ 교통범칙금을 부과하는 경찰관에게 단속실적 때문에 함정단속을 한 것이 아니냐고 따지는 운전자 : **비난자에 대한 비난**

문2. 정답 ①

①(×) 사회봉사명령 대상자가 그 집행 중 <u>금고</u> 이상의 형의 집행을 받게 된 때에는 해당 형의 집행이 종료·면제되거나 가석방된 경우 잔여 사회봉사명령을 <u>집행한다</u>. 법 제63조 2항 참조.

문3. 정답 ④

④(×) 피보호관찰자가 새로운 범죄로 <u>금고 이상의 형의 집행을 받게 되었을지라도 보호관찰은 종료되지 아니하며, 해당 형의 집행기간 동안 보호관찰 기간은 정지되지 않고 계속 진행된다</u>. 또한 피보호관찰자에 대하여 형의 집행이 종료·면제되는 때 또는 피보호관찰자가 가석방되는 때에 <u>보호관찰 기간이 남아있으면 그 잔여기간 동안 보호관찰을 집행한다</u>. 법 제32조 제4·5항 참조.

문4. 정답 ②
②(×) 재통합적 수치 이론(재통합적 수치심 부여 이론)은 '어떠한 유형의 낙인이 이차적 일탈을 유발하는가'에 대하여 답변하기 위해 탄생한 이론으로서 **통합이론**과 새로운 **낙인이론**으로 분류된다. 브레이스웨이트는 '수치'를 '일탈에 대한 불승인의 표시로서 당사자에게 양심의 가책을 느끼도록 하는 것'이라고 정의하면서, 이를 **해체적 수치심**(오명씌우는 수치심)과 **재통합적 수치심** 두 가지 형태로 구분하였다. 그리고 **해체적 수치심을 부여하는 것**은 범죄자를 공동체의 구성원으로 받아들이지 않는 제재를 가하는 것이므로 재범률을 높이게 된다고 보았다. 반면에, **재통합적 수치심을 이용한다면 범죄자의 재범확률을 낮출 수 있으며**, 궁극적으로는 사회의 범죄율을 감소시키는 효과를 기대할 수 있다고 주장하였다. **재통합적 수치심** 부여는 일정한 제재를 통해 범죄자로 하여금 양심의 가책을 느끼도록 하되, 지역사회 구성원으로 재통합하려는 노력을 함께하는 과정이다.

문5. 정답 ②
②(○) 엘리엇 등의 통합이론은 <u>긴장이론, 통제이론, 학습이론 등을 통합</u>하여 비행과 범죄 발생의 설명력을 높인 이론으로서의 특징이 있다. 먼저 **긴장**이론과 **통제**이론을 통합하여 다음과 같이 설명한다. <u>사회유대가 강한 청소년일수록 성공기회가 제약되면 긴장을 느끼고 불법적 수단으로 목표를 달성하려 할 가능성이 크다. 그러나 사회유대가 처음부터 약한 청소년은 성공에 대한 기대와 열망이 약하므로 성공기회가 제약되더라도 그것으로 인해 부정적 영향을 덜 받고 긴장도 그다지 느끼지 않는다.</u> 또한 '성공에 대한 열망'이 범죄에 미치는 영향은 **긴장이론**과 **사회통제이론**에서 정반대 방향으로 작동된다고 한다. **긴장이론**에 의하면 긍정적인 성공기회가 차단되었다고 느끼는 사람에게 성공에 대한 높은 열망은 인습적 수단을 포기하고 불법적인 수단을 선택하도록 하는 요인이 되어 <u>범죄 가능성을 높인다</u>. 그러나 **허쉬의 사회통제이론**의 경우 높은 성공 열망은 교육과 같은 제도화된 수단에 대한 몰입(헌신·전념·관여·commitment)을 높여 사회와의 유대를 강화하고 범죄의 유혹에 빠지지 않도록 하는 <u>규범적 통제기제로 작용한다</u>.
다음으로 통제이론·긴장이론과 학습이론을 통합하여, 한 개인이 범죄나 비행을 저지르는 과정은 두 개의 경로로 나누어 설명된다. 첫 번째 경로는 가정·학교 등 인습(준법)집단과의 유대가 약한 청소년이 비행 또래 집단과 사귀면서 범죄에 대한 학습이 이루어지는 과정이다. 두 번째 경로는 인생 초기엔 인습(준법)집단과의 유대가 강했던 청소년이 문화적 목표에 전념하지만 이를 성취하기 위한 제도화된 수단과 기회가 주어지지 않음으로 인해 긴장이 초래되고, 이로 인해 인습적 집단과의 사회유대가 느슨해지는 반면, 비행 또래집단과 유대는 강화되어 범죄를 학습하는 과정이다.
①(×) 콜빈과 폴리(Colvin & Poly)의 **마르크스주의 통합이론**은 자본주의 체제에서는 미숙련 노동자에게는 강압적인 통제방식이 적용되므로, 이들의 직장에서 길들여진 강압적인 통제방식이 가정에서 자녀들의 교육방식으로 나타나 범죄에도 가장 큰 악영향을 미치게 된다고 한다.
③(×) 마르크스주의 범죄이론과 페미니스트(여성주의) 범죄이론을 결합한 헤이건의 '**권력통제이론**'에 해당한다.
④(×) 유대의 대상과 상관없이 사회유대가 **강**한 청소년은 재범을 저지를 가능성이 **작**고 사회유대가 **약**한 청소년은 재범을 저지를 가능성이 **크다는 것**은 **허쉬의 사회통제이론**에 해당한다. 엘리엇 등의 **통합이론**에서는, 일탈집단에 강한 유대가 있고 **인습적 집단**과는 약한 유대가 있을 때 일탈 행동이 일어날 가능성이 가장 **높고**, 인습적 집단에 강한 유대가 있고 일탈집단과는 약한 유대가 있을 때 비행이나 범죄가 일어날 가능성이 가장 낮다고 한다.

문6. 정답 ①
① 샘슨과 라웁은 생애과정을 통해 결혼·취업 등 인생의 변곡점(전환점)의 경험이 범죄행위의 지속과 중단에 가장 큰 영향을 미친다고 보았다. 그래서 그들의 이론은 생애과정이론 중 '지속 그리고 변화이론'을 대표하는 이론으로 평가받고 있다.

문7. 정답 ③
사람의 몸에는 50여 가지의 신경전달물질이 있다. 이 중 감정 상태를 결정하는 중요한 신경전달물질은 세로토닌, 도파민, 노르아드레날린의 3가지이다.
③ 세로토닌에 대한 신경 화학적 연구는 범죄자뿐만 아니라 우울증 및 조현병 환자를 포함한 반사회적 성향의 사람들의 세로토닌 수치가 정상보다 낮다는 사실을 발견했다.
④ 도파민은 뇌에 있는 필수 신경전달물질로서 뇌에서 도파민이 분비되면 가벼운 흥분과 짜릿한 기분 등 만족감을 경험한다. 도파민이 부족하면 우울증·의욕 저하 등이 생기고, 과다 분비 되면 감각과 인식력이 예민해지면서 중요한 것과 중요하지 않은 것에 대한 감각을 제대로 처리하지 못하고 망상이나 정신분열증세를 야기하거나 도파민 중독현상이나 발생한다. 높은 수준의 도파민은 자극 추구·충동적 행동·공격 동기 형성 및 공격행동을 증가시킬 수 있다. 도파민 중독 시에는 더 큰 행복감을 느끼기 위하여 도박·게임 등의 중독에 빠지거나 더욱 짜릿한 흥분을 좇아 범죄를 행할 수도 있다.

연상암기법 : 세로토닌 수치, 지능지수, 뇌파 활동성, 자율신경반응, 불안반응, 각성 수준, 혈당증이 낮으면 범죄관련성이 높다.

문8. 정답 ②
(나) 가벼운 범죄행위들을 형법 구성요건에서 삭제하기는 비범죄화에 해당하므로 낙인이론과 관련이 많고, (라) 거리의 조명을 더욱 밝게 하기, 방범용 비상벨을 많이 설치하는 것, 방범용 CCTV를 설치하는 것 등을 통해 범죄위험지역의 감시를 강화하는 것은 '셉테드(CPTED)'이고, 이는 일상활동이론, 상황적 범죄예방이론 등과 관련이 깊다.

문9. 정답 ①
① 회복적 사법은 피해자, 지역사회 그리고 가해자(범죄자)의 범죄피해 회복과 관련된 다양한 개념이다. 이와 유사한 개념으로는 지역사회 사법, 긍정적 사법, 재통합적 사법, 관계적 사법, 전환적 사법 등 다양한 용어가 사용되고 있다. 회복적 사법의 공식적 시행 근거는 1974년 캐나다 온타리오주의 피해자-가해자(범죄자) 중재(victim- offender mediation) 또는 화해(화합)(reconciliation) 모델이다. 이는 가해자와 피해자 사이에 제3자가 개입하여 배상과 화해 등에 관해 중재하여 범죄사건을 재통합적으로 해결하는 프로그램을 의미한다. 이 프로그램이 가장 오래된 회복적 사법 모델이다. 최근에는 회복적 사법의 한 형태로 균형적·회복적 사법 모델이 제시되었다. 이 모델은 피해자를 회복시키고 가해행위를 비난하고, 의미 있는 결과를 시도하는 책임에 기초한 제제, 가해자의 갱생(재사회화) 및 재통합, 지역사회 안전 욕구의 균형을 강조한다. 즉 피해자의 피해 회복, 가해자의 책임 이행과 역량 개발, 지역사회의 안전의 균형 체계를 목표로 한다. 결론적으로 균형적·회복적 사법 모델은 지역사회, 피해자, 가해자가 균형잡힌 관심을 받아야 하고, 세 당사자가 모두 사법체계와의 상호작용으로부터 명확한 혜택을 얻어야 한다는 것을 강조한다.

문10. 정답 ③
③ 소극적 일반예방은 18세기 고전주의 범죄이론 및 현대(신)고전주의이론인 제지(억제)이론과 관련이 깊다. 일반예방주의는 수형자에 대한 범죄예방을 추구하는 것이 아니라, 수형자를 **처벌**하는 것을 통하여 <u>수형자 이외의 일반인의 범죄예방효과</u>를 기대하는 입장이다.
① 특별예방에 관한 설명이다.
② 적극적 일반예방에 관한 설명이다.
④ 특별 억제(제지)에 관한 설명이다.

문11. 정답 ②
㈎ **성악설**에 바탕을 둔 '통제이론'에 속하는 허쉬의 사회적 결속(유대)이론에 해당한다.
㈏ 중립적 입장인 **백지설**에 바탕을 둔 '사회적 학습이론'에 속하는 서덜랜드의 차별적 교제(접촉)이론에 해당한다.

문12. 정답 ④
①(×) **의료모형**은 생물학적 결정론에 입각하여 범죄자를 질병을 가진 환자로 보고 부정기형을 통해 범죄를 유발하는 요인을 치료 개선하는 교정시설 처우 방식이다.
②(×) **적응모형**은 의료모형과 같이 범죄자를 치료 개선의 대상으로 보지만, 범죄자도 법을 준수하는 의사결정을 할 수 있고 범죄에 대한 책임을 인정할 수 있는 부분도 있다고 본다. 따라서 의료모형과 달리 범죄자를 수동적인 처우 대상으로만 보지 않고 적극적인 처우의 주체로도 인정하고 심리요법 등을 통해 적극적으로 처우하되 사회적응을 위한 사회와의 교류도 중시한다.
③(×) **재통합모형**은 범죄자의 문제는 범죄를 유발하는 데 어느 정도 책임이 있는 그 사회에서 해결해야 한다는 전제하에 사회내처우를 중시하고, 범죄자의 교화 개선뿐만 아니라 사회적 여건 개선을 통한 재통합도 강조하는 처우 방식이다.
④(○) **정의모형**(justice model)은 사법정의를 위한 교정에 바탕을 두고 있으며, 형사정책의 목표를 범죄자의 교화 개선보다는 사법정의의 실현에 둔다. 이에 따라 범죄에 대해 마땅히 받아야 할 범죄에 상응한 공정한 형벌이 강조된다. 다시 말해, 처벌이 공리적인 처벌이나 범죄자의 억제 및 교화 개선과 같이 범죄자나 사회에 대한 이익을 위해 활용되는 것이 아니라, 처벌받아야 마땅하기 때문에 당연히 처벌되어야 한다는 것이다. 이는 신응보주의 형벌이념에 기반한 처벌모델이다.
교정의 목적을 **처벌**을 위한 교정, **재활**(사회복귀·rehabilitation)을 위한 교정, **사법정의**(justice)를 위한 교정으로 나눌 때 <u>의료모형·적응모형·재통합모형</u>은 재활(사회복귀)을 위한 교정에 해당하고, <u>선별적 무능력화와 집합적 무능력화</u>는 <u>처벌을 위한 교정</u>에 해당한다. **집합적 무능력화**는 모든 중범죄자에 대하여 장기구금형 중심의 처벌을 하는 경향이고, **선별적 무능력화**는 재범의 위험성이 높은 자를 선별하여 장기구금에 처하는 경향이다.

문13. 정답 ④

④ 머튼의 긴장개념을 모든 계층의 긴장으로 확장하여 다양한 상황이나 사건들이 긴장 상태를 유발할 수 있다고 설명하는 미시적 수준의 이론은 애그뉴(Agnew)의 일반긴장이론에 해당한다.
메스너와 로젠펠드의 제도적 아노미이론은 아메리칸드림을 '개인들 간 열린 경쟁이라는 조건 하에서 사회의 모든 사람이 추구해야할 물질적 성공이라는 목표에 대한 헌신을 요구하는 문화사조'로 정의하므로 문화적 배경은 머튼과 유사하지만, 사회구조적 측면에서의 아노미 유발 원인은 머튼의 이론과 많은 차이를 보인다. 머튼은 아노미이론에서 아노미의 유발 원인으로 '계층구조 불평등 또는 제도적 수단과 기회의 차별성'을 강조했다. 반면에 메스너와 로젠펠드는 '제도들의 짜임새'로 사회구조를 개념화하면서, 사회규제와 관련된 아노미 상황은 경제 제도가 지배하는 '제도적 힘의 불균형' 상태에서 비롯되는 것으로 본다. 제도적 힘의 불균형은 사회구성원에 대한 사회제도들의 통제력 약화로 이어지기 때문에 아노미의 원인이 된다.

문14. 정답 ④

④ 슈나이더는 모든 정신병질자가 범죄자가 되는 것은 아니며 정신병질자는 정신병자와는 근본적으로 다르므로, 정신병질자로서 범죄자에 대해서는 정신 치료보다는 성격 교정에 중점을 두어야 한다고 주장했다.

문15. 정답 ③

③ 범행의 동기나 원인을 중시하는 이론은 실증주의 범죄이론이다. 일상활동이론의 범죄발생의 요소로는 동기화된 범죄자, 적절한 대상(표적), 보호(감시)의 부재의 세 가지 요소이다. 이 이론에서는 '범행대상으로서 매력'이나 '감시의 부재'와 같은 요인을 범죄발생에 있어서 피해자가 제공하는 범죄기회로써 중요시 한다.

문16. 정답 ③

③ 아노미의 원인을 급격한 사회변동과 위기에서 비롯된다고 보는 학자는 머튼이 아니라 뒤르켐이다.
'아노미'의 어원은 '무법(무규범)' 또는 '법의 무시'이다. 뒤르켐이 사용한 아노미란, '급격한 사회변동으로 사회질서와 평형상태가 흔들려서 사회의 규제력이 크게 약화되거나 상실된 상태'이다.

문17. 정답 ④

④ 고전주의 범죄학은 '처우'가 아닌 '처벌'을 통한 일반인(잠재적 범죄인)에 대한 범죄의 억제를 통한 일반예방을 대책으로 본다.

문18. 정답 ④

①(×) 소년부는 송치받은 사건이 그 관할에 속하지 아니한다고 인정하면 의무적으로 관할 소년부에 이송하여야 한다. 그러나, 관할 위반이 아니지만 **보호의 적정을 기하기 위하여 필요하다고 인정하면** 그 사건을 다른 관할 소년부에 이송할 수도 있고 이송하지 아니할 수도 있다. 법 제6조 참조.

②(×) 소년부 판사가 사건을 조사 또는 심리하는 데에 필요하다고 인정하여 소년의 감호에 관한 결정으로써 **보호자·소년을 보호할 수 있는 적당한 자 또는 시설의 위탁** 및 **병원이나 그 밖의 요양소에 위탁**하는 조치를 하는 경우 그 위탁의 기간은 3개월을 초과하지 못한다. 다만, 특별히 계속 조치할 필요가 있을 때에는 한 번에 한하여 연장할 수 있다. 그러므로 최장기간은 6개월이다. 초장기간이 2개월인 임시조치는 '소년분류심사원에 위탁'이다. 「소년법」 제18조 3항 참조.

③(×) 본인의 **보호자**는 정당한 이유 없이 소환에 응하지 아니하면 동행영장을 발부할 수 있다. 그러나 **참고인**에 대하여는 소환에 응하지 아니해도 동행영장을 발부할 수 없다.

문19. 정답 ④

④(×) 검사는 **불기소처분** 사유에 해당함이 명백한 형사사건을 형사조정에 회부하여서는 아니 된다. 그러나 **기소유예 처분**의 사유에 해당하는 경우에는 형사조정 회부를 할 수 있다. 「범죄피해자 보호법」 제41조 참조.

문20. 정답 ③

③(×) '주거를 이전할 때에는 미리 보호관찰관의 허가를 받을 것'은 준수사항에 전혀 해당되지 않는다. '주거를 이전(移轉)하거나 1개월 이상 국내외 여행을 할 때에는 미리 보호관찰관에게 신고할 것'이 일반준수사항 중 한 가지이다.

> 「보호관찰법」 제32조(보호관찰 대상자의 준수사항) ① 보호관찰 대상자는 보호관찰관의 지도·감독을 받으며 준수사항을 지키고 스스로 건전한 사회인이 되도록 노력하여야 한다.
> ② 보호관찰 대상자는 다음 각 호의 사항을 지켜야 한다. (일반준수사항)
> 1. 주거지에 상주(常住)하고 생업에 종사할 것
> 2. 범죄로 이어지기 쉬운 나쁜 습관을 버리고 선행(善行)을 하며 범죄를 저지를 염려가 있는 사람들과 교제하거나 어울리지 말 것
> 3. 보호관찰관의 지도·감독에 따르고 방문하면 응대할 것
> 4. 주거를 이전(移轉)하거나 1개월 이상 국내외 여행을 할 때에는 미리 보호관찰관에게 신고할 것
> ③ 법원 및 심사위원회는 판결의 선고 또는 결정의 고지를 할 때에는 제2항의 준수사항 외에 범죄의 내용과 종류 및 본인의 특성 등을 고려하여 필요하면 보호관찰 기간의 범위에서 기간을 정하여 다음 각 호의 사항을 특별히 지켜야 할 사항으로 따로 과(科)할 수 있다. (특별준수사항)
> 1. 야간 등 재범의 기회나 충동을 줄 수 있는 특정 시간대의 외출 제한
> 2. 재범의 기회나 충동을 줄 수 있는 특정 지역·장소의 출입 금지
> 3. 피해자 등 재범의 대상이 될 우려가 있는 특정인에 대한 접근 금지
> 4. 범죄행위로 인한 손해를 회복하기 위하여 노력할 것
> 5. 일정한 주거가 없는 자에 대한 거주장소 제한
> 6. 사행행위에 빠지지 아니할 것
> 7. 일정량 이상의 음주를 하지 말 것
> 8. 마약 등 중독성 있는 물질을 사용하지 아니할 것
> 9. 「마약류관리에 관한 법률」상의 마약류 투약, 흡연, 섭취 여부에 관한 검사에 따를 것
> 10. 그 밖에 보호관찰 대상자의 재범 방지를 위하여 필요하다고 인정되어 대통령령으로 정하는 사항

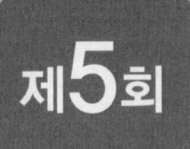

보호직 동형 모의고사 정답 및 해설

1	2	3	4	5	6	7	8	9	10
①	④	③	①	②	③	①	④	②	③
11	12	13	14	15	16	17	18	19	20
①	①	②	②	④	④	①	②	④	③

문1. 정답 ①

①(O) 검사는 스토킹범죄로 징역형의 실형을 선고받은 사람이 그 집행을 종료한 후 또는 집행이 면제된 후 10년 이내에 다시 스토킹범죄를 저지른 때에 해당하고 스토킹범죄를 다시 범할 위험성이 있다고 인정되는 사람에 대하여 전자장치 부착 명령을 법원에 청구할 수 있다. 법 제5조 5항 참조.
②(×) 어린이 보호구역 등 특정 지역·장소에의 출입 금지(×) → 아동·청소년의 통학 시간 등 특정 시간대의 외출 제한(O). 19세 미만의 사람에 대하여 성폭력 범죄를 저지른 사람에게 부착 명령을 선고하는 경우, 법원은 아동·청소년의 통학 시간 등 특정 시간대의 외출 제한 및 피해자 등 특정인에의 접근금지를 준수사항으로 부과하여야 한다. 다만, 아동·청소년의 통학 시간 등 특정 시간대의 외출 제한은 부과하여서는 아니 될 특별한 사정이 있다고 판단되는 경우에는 부과하지 않을 수 있는 예외가 인정되나, 피해자 등 특정인에의 접근금지는 예외 없이 반드시 부과해야 한다. 스토킹 범죄를 저지른 사람에 대해서도 피해자 등 특정인에의 접근금지는 예외 없이 반드시 부과해야 한다. 법 제9조의 2 제3항 참조.
③(×) 피부착자는 주거를 이전하거나 7일 이상 국내 여행을 하거나 출국할 때에는 미리 보호관찰관에게 허가를 받아야 한다. 법 제14조 3항 참조.
④(×) 살인범죄로 징역형의 실형 이상의 형을 선고받아 그 집행이 면제된 후 다시 살인범죄를 저지른 사람에 대해서 검사는 부착명령을 청구하여야 한다(필요적 청구). 필요적 청구는 미성년자 유괴범죄에도 규정이 있다. 그러나 성폭력범죄, 강도범죄, 스토킹범죄에 대하여는 임의적 청구 규정만 두고 있다. 법 제5조 참조.

문2. 정답 ④

④ 버식과 웹은 사회해체의 원인을 '주민의 빈번한 이동(이동성)'과 '주민 이질성'의 두 측면에서 파악할 수 있다고 보았다.

문3. 정답 ③
③(○) 보호처분이 계속 중일 때에 자유형을 선고받은 소년에 대하여는 그 형을 먼저 집행한다.
①(×) 형의 **선고유예**를 처할 때에나 형의 **집행유예**를 선고할 때에는 부정기형을 적용하지 아니한다. 법 제60조 3항 참조.
②(×) 죄를 범할 당시에 18세 **미만**인 경우 그에게 **무기형**이나 **사형**을 처해야 하는 경우에는 15년의 유기**징역**에 처한다. 법 제59조 참조.
④(×) 소년의 특성에 비추어 상당하다고 인정되는 때에는 그 형을 감경할 수 있다. 법 제60조 2항 참조.

문4. 정답 ①
①(○) 갓프레드슨과 허쉬의 자기통제이론 또는 범죄 일반이론에 해당한다.
④(×) '**집합 효율성**'이란, 지역구성원 간의 상호신뢰를 바탕으로 지역에서 범죄 문제가 발생하였을 때 그 지역주민들이 자발적으로 해결하려고 하는 집단적 경향으로서, 사회적 네트워크(연결망)를 지역사회에 대한 **비공식적 통제력**으로 만들 수 있는 능력을 말한다.

문5. 정답 ②
②(×) 레머트(×) → 탄넨바움(○). **탄넨바움**은 비행소년이라는 꼬리표가 청소년의 지속적인 비행을 유발하는 요인이 된다고 하면서, 이를 '**악의 극화**'라고 불렀고, 레머트는 **일차적 일탈** 개념과 **이차적 일탈** 개념을 제시하고 낙인효과로 이차적 일탈이 많아진다고 주장하였다.

문6. 정답 ③
③ 갱생보호는 갱생보호 대상자가 친족 또는 연고자 등으로부터 도움을 받을 수 없는 경우에 한정하여 행하도록 규정한 것이 아니라, 도움이 충분하지 아니한 경우에도 행할 수 있다.

> **보호관찰법 시행령 제40조(갱생보호)** : **갱생보호**는 갱생보호를 받을 사람이 친족 또는 연고자 등으로부터 도움을 받을 수 없거나 이들의 도움만으로는 충분하지 아니한 경우에 한하여 행한다.

문7. 정답 ①
①(×) **자기보고식 조사**는 경미한(가벼운) 범죄에는 적용할 수 있으나 살인 등 **중대한 범죄**를 측정하는 데에는 적합하지 않고, **피해자조사**는 개인적 보고에 기반하는 점에서 객관성과 정확성을 확보하기 어렵다.

문8. 정답 ④

④(×) 범죄와 비행은 중류계층 문화에 대한 **저항**으로서 하류계층 문화에서 발생한다고 주장한 학자는 **코헨**이다. 밀러도 하위계층의 청소년들 사이의 **독특한 문화**를 중시한다. 그러나 **밀러**는 그들의 문화가 중간계급의 주류문화와 갈등하며 지배규범을 의도적·반항적으로 위반하려는 의도에서 만들어진 문화가 아니라, 오래전부터 계승되어 온 하위계층 고유의 문화라고 본다.

문9. 정답 ②

②(×) 집단적 무력화(×) → **선택적 무력화**(○). 재범의 위험성이 높다고 판단되는 상습범죄자를 범죄예측을 통해 선별하고 그들만의 구금을 통해 추가적인 범죄가 발생할 가능성을 제거하는 것은 의미하는 것은 **선택적 무력화(무능력화)**이다.

문10. 정답 ③

③ 보안처분은 행위자의 재범의 위험성에 근거한 것이므로 책임능력이 없어도 부과되는 제재이다. **협의의 보안처분**은 책임 원칙 때문에 제한(감경)되는 형벌량을 보충하거나 형벌을 과할 수 없는 책임무능력자에 대해 형벌을 대체할 필요성이 있는 경우에 인정하는 형사제재이다.

문11. 정답 ①

① 멜델존은 '**피해자의 귀책성**(유책성·비난 정도)'에 따라 피해자를 아무런 귀책성이 없는 책임 없는 피해자, 유책성이 적은 피해자, 가해자와 같은 정도의 유책성이 있는 피해자, 가해자보다 더 유책한 피해자, 가장 유책성이 높은 피해자의 5가지로 분류했다. '가상의 피해자(상상적 피해자)'를 '가장 유책한 피해자'와 구분하는 것으로 하면 6가지 유형이다. **헨티히**는 ② '피해자의 취약성(피해자의 외적 특성과 심리적 공통점)', **레크리스**는 ③ 피해자의 도발 유무, **엘렌베르거**는 ④ 일반적 피해자성과 잠재적 피해자성을 기준으로 범죄피해자를 분류하였다. 그 밖에 **셰이퍼**(Schafer)는 기능적 책임성을 기준으로 분류하였다.

문12. 정답 ①

① 일상활동이론은 범죄발생의 3요소인 동기화된 범죄자(가해자), 범행에 적합한 대상(표적), 감시(보호)의 부재 중에서 범행에 적합한 대상(표적), 감시(보호)의 부재를 범죄 기회 제공의 가장 중요한 요소로 제시한다. 그리고 사람이나 재산에 대한 보호나 감시 기능 등을 높이는 비공식적 통제 체계에서의 자연스러운 범죄예방과 억제를 중요시한다. 체포 가능성의 확대와 처벌의 확실성 확보를 예방 수단으로 중시하는 것은 억제이론이다.

문13. 정답 ②

② 검사는 심신장애인으로 금고 이상의 형에 해당하는 죄를 지은 자에 대하여 치료감호를 청구할 때에는 정신건강의학과 등의 전문의의 진단이나 감정을 참고하여야 한다. 다만, <u>정신성적 장애자로서 치료감호 대상자인 사람에 대하여 치료감호를 청구할 때에는 정신건강의학과 등의 전문의의 진단이나 감정을 받은 후</u> 치료감호를 청구하여야한다. 같은 법 제4조 2항 참조.
① 같은 법 제8조 참조.
③ 같은 법 제7조 참조.
④ 같은 법 제27조 참조.

문14. 정답 ②

② 소년범에 대하여는 사회봉사명령을 부과할 수 <u>있다</u>. 「소년법」 제32조는 14세 이상 소년에게 보호처분으로 200시간 이내의 사회봉사명령을 결정할 수 있도록 하고 있다. 또한 집행유예 시에도 소년범에 대하여 사회봉사명령을 할 수 있다. 「형법」 제62조의 참조.
① 「형법」 제62조의 2 참조.
③,④ 「보호관찰 등에 관한 법률」 제61조 1,2항 참조.

문15. 정답 ④

④ 2차적 범죄예방은 상황적 예방과 관련이 있다. 특별예방은 범죄자를 교화 개선 또는 사회복귀시키는 강제조치이므로 3차적 예방에 해당한다.

참고 브랜팅햄과 파우스트의 범죄방지모델	
1차적 예방	일반인이 대상이 된다. 범죄발생 이전에 사전적이고 예방적인 조치를 하는 것으로서, 궁극적인 목표는 **범죄행위를 촉진하거나 범죄 기회를 제공하는 물리적·사회적 환경을 개선하여 범죄를 예방하는 것**임. 건축설계·조명·자물쇠장치·화상인터폰 설치·접근통제 등과 같은 물리적 환경설계(CPTED)로 범죄기회 감소, 감시·시민순찰과 같은 이웃 감시(neighborhood watch), 이웃 지원(neighborhood advocacy), 경찰순찰활동, 민간경비 확대, 형벌의 일반예방 또는 일반억제, 범죄예방교육, 민간경비 등이 여기에 속한다.
2차적 예방	비행이 계속될 위험성이 높은 **잠재적 범죄자(우범자)** 및 범죄 유발 상황이 대상이 된다. 이는 제1차적 예방보다는 더 좁게 **범죄실행 가능성이 높은 개인 및 범죄유발가능성이 높은 환경**을 대상으로 한다. 잠재적 범죄자의 기회를 차단하여 범죄를 예방하는 것으로 범죄예측, 상황적 범죄예방, 범죄 지역 분석, 지역사회 경찰 활동, 판결 이전의 전환 프로그램(diversion) 활용 등이 있다.
3차적 예방	**범죄인**이 대상이 된다. 실제 범죄를 범한 자에게 차후에 **재범**을 못하게 하는 특별예방을 말하며 이는 대부분 **형사사법기관**이 담당한다. 이에는 특별억제, 교화 개선을 통한 특별예방(교화 및 처우), 구금을 통한 무능력화(무해화·무력화), 판결을 통한 전환(diversion) 프로그램 선고 등이 있다.

문16. 정답 ④

④(×) 징역형과 함께 성충동 약물치료 명령을 받은 사람이 <u>치료감호의 집행 중인 경우</u>에는 치료 명령의 집행 면제를 <u>신청할 수 없다</u>.
제8조의2(치료명령의 집행 면제 신청 등) ① 징역형과 함께 **치료명령을 받은 사람** 및 그 **법정대리인**은 주거지 또는 현재지를 관할하는 지방법원에 치료명령이 집행될 필요가 없을 정도로 개선되어 성폭력범죄를 다시 범할 위험성이 없음을 이유로 <u>치료명령의 집행 면제를 신청할 수 있다</u>. 다만, 징역형과 함께 치료명령을 받은 사람이 치료감호의 집행 중인 경우에는 치료명령의 집행 면제를 신청할 수 없다.

문17. 정답 ①

①(×) 개개인의 범죄피해를 스스로 보고하게 함으로써 숨은 범죄(암수 범죄)를 측정하는 방법은 '**피해자조사**'이다. '자기 보고식' 조사란 일정한 집단을 대상으로 <u>범죄피해가 아니라, 자기가 행하였던 범죄행위를 연구 차원에서 보고하도록 하는 방법</u>이다.

문18. 정답 ②

㉠(×) 과학적 범죄이론의 대표적인 특징 중 하나는 개념과 명제에 대하여 반박할 수 <u>있어야 한다는</u> '**반박 가능성**' 또는 '**검증가능성**'이다.
㉡(○) 초기 범죄학 연구의 대다수는 **횡단적 연구** 설계에 의존하였으나, 최근에 **발달범죄학** 또는 **생애과정이론**에서는 종단적 연구 설계가 중시되고 있다.
㉢(×) **실태 연구**만 횡단적 연구이다. 코호트 연구, 패널 연구, 추세 연구, 추행조사 등은 종단적 연구에 속한다.
㉣(×) 공식통계 분석은 <u>숨은 범죄를 파악할 수 없어서</u> '정확성'이 떨어지는 것이 대표적인 단점이다.
㉤(×) 실험 연구는 <del>양석</del> 연구 방법으로서 암수 조사에도 이용할 수 <u>있고</u>, 다수 연구자가 동시에 관찰할 수 <u>있어서</u> 연구자의 주관을 배제할 수 <u>있는 장점</u>이 있다. 또한 같은 관찰을 반복하면서 오류를 시정할 수도 있다.
㉥(×) 현장 조사 연구인 **참여적 관찰법**은 비언어적 행동 파악이 <u>쉽다</u>는 장점이 있다.
㉦(○)
㉧(×) 표본조사는 범죄자 집단인 <u>실험(대상)</u>집단을 연구하고자 하는 정상인 집단인 <u>대조(통제)</u>집단과 수평적으로 비교하는 방법으로 행해진다.

문19. 정답 ④

㈎ <u>3년</u>, 형법 제62조의 2 제2항.
㈏ <u>1년</u>, 형법 제59조의 2 제2항.
㈐ 가석방 기간 : <u>1년</u>이 보호관찰 기간임, 형법 제73조의 2 제2항.
㈑ <u>2년</u>, 소년법 제33조 3항.
㈒ <u>3년</u>, 치료감호 등에 관한 법률 제32조 2항.

문20. 정답 ③
③ 부정기형은 형벌 개별화 원칙에 적합하고, 수형자의 특성에 따라서 수형 기간이 달라지게 하여 **처우의 개별화**에 도움이 되는 장점이 있다. 그러나 교도관의 자의가 개입할 여지가 있고, 석방 결정 과정에서 적정절차의 보장이 모자랄 위험이 있다.

제6회 보호직 동형 모의고사 정답 및 해설

1	2	3	4	5	6	7	8	9	10
③	②	①	③	③	③	③	①	②	③
11	12	13	14	15	16	17	18	19	20
③	②	①	④	①	④	②	④	①	③

문1. 정답 ③

③ 특별억제(특별제지 · special deterrence)에 해당한다. 일반억제(일반제지 · general deterrence)는 범죄자에 대한 처벌이 아직 범죄를 저지르지 않은 일반인(잠재적 범죄인)에게 범죄의 비용에 관한 정보를 제공함으로써 형벌의 두려움을 통해 그들의 범행을 제지하는 것이다.

④ 촉법소년의 연령 하향을 주장하는 학자들은 형사법령에 저촉되는 행위를 하였지만 형사미성년자이기 때문에 벌할 수 없는 소년들이 범죄를 많이 범하는 것은 형벌에 대한 두려움의 영향을 받지 않기 때문이라는 것을 강조한다. 그러므로 처벌 연령을 낮춰 억제를 확대해야 한다고 보기 때문에 이러한 주장의 이론적 근거 중 하나가 **억제이론**이라고 할 수 있다.

문2. 정답 ②

② 레크리스는 '피해자의 도발 유무' 기준으로 '가해자–피해자(순수한 피해자)' 모델과 '피해자–가해자–피해자(도발한 피해자)' 모델로 구분했다.

문3. 정답 ①

① '상황적 범죄예방 모델'은 범죄 발생 후 처벌이나 교정하는 것만으로는 범죄를 예방하는 데 한계가 있다는 생각에서 출발한다.

문4. 정답 ③

㉠ 기소법정주의의 단점에 해당하는 설명이다.
㉢ 기소법정주의의 장점에 해당하는 설명이다.

문5. 정답 ③

③(×) 손베리(×) → 패터슨(Patterson) (○). 패터슨은 비행청소년이 되어가는 두 가지 경로에 따라 '조기개시형(eariy starters)'과 '후기개시형(late starters)'으로 구분하였다. '조기개시형'은 아동기부터 일찍이 공격성을 드러내고 반사회적 행동을 저지르는 특징을 보인다. 이러한 유형은 성인이 되어서도 지속적으로 범죄를 저지른다. '후기(만기) 개시형(late starters)'은 아동기에는 부모에 의해 적절하게 양육되었으나, 사춘기에 접어들어 비행친구들을 사귀면서 그들의 영향으로 비행에 참여하게 된다. 따라서 이들의 일탈의 원인을 비행친구와의 접촉으로 본다. 이들은 비행에 가담하는 기간이 짧고 성인기가 되면 대부분 일탈행동을 그만둔다. 또한 후기 개시형들은 조기 개시형에 비해 범죄의 심각성 정도도 매우 가볍다. **손베리는 상호작용이론을 주장한 학자이다.**

문6. 정답 ③

③ '순응형(Conformity)'은 안정적인 사회에서 가장 보편적인 행위유형으로서 문화적인 목표와 제도화된 수단을 전면적으로 모두 수용할 때 나타난다.

문7. 정답 ③

③ 자율성(Autonomy)은 '자유분방' 또는 '독립성'으로도 번역되며 밀러의 하위계층만의 주요 관심사(중점관심) 중 하나이다. 코헨이 제시한 하위문화의 특징 중 하나는 '집단자율성(group autonomy)'이다.

문8. 정답 ①

① 낮은 사회적 지위 때문에 목표 달성에 실패할수록, 범죄를 저지를 가능성이 커진다고 보는 이론은 머튼의 아노미 이론(사회적 긴장이론)이다. 따라서 이는 사회구조적 이론, 거시환경범죄이론에 속한다.

문9. 정답 ②

② 그레이저(Glaser)의 차별적 동일시이론은 매스컴을 통한 범죄학습을 중시한다.

문10. 정답 ③

① 통제이론은 "개인이 왜 범죄를 하게 되는가"의 측면이 아니라 "개인이 왜 범죄를 하지 않게 되는가"의 측면에 초점을 맞춘다.
② 나이는 소년비행을 통제하는 데 있어서 가장 효율적인 통제요소는 '간접적' 통제라고 본다.
④ 중화기술 중 자신의 행위로 피해를 입은 사람은 그러한 피해를 입어도 마땅하다고 합리화하는 기술은 '피해자의 부정'이다.

문11. 정답 ③

허쉬는 비행이나 범죄가 개인을 사회와 묶어두는 유대(결속)의 약화에서 비롯된다고 보았다. 그는 모든 사람들을 잠재적 범죄자라고 가정한다. 그러나 사람들은 비행이나 범죄가 자신과 가족·친지·고용주 등 자신과 소중한 관계에 있는 사람들과의 관계를 손상시킬 수 있다는 두려움 때문에 그러한 행위를 억제하는 통제상태에 있게 된다고 본다. 그렇지만 이러한 유대가 없거나 다른 사람에 대한 배려나 유대감이 없는 사람이라면 자유롭게 비행이나 범죄를 저지르게 된다는 것이다. 허쉬는 사회에 다양한 하위문화가 존재하는 것이 아니라 하나의 유일한 가치체계만 존재한다고 전제했다. 그래서 그는 개인이 다른 사람들과 유대가 강하면 강할수록 비행이나 범죄를 저지를 가능성이 낮아진다고 보고, 사회 유대의 정도가 애착, 전념(관여), 참여, 신념 등 네 가지 요소로 결정된다고 보았다.
③ '**신념**(Belief)'은 "공동체 안에서 사람은 함께 나누고, 다른 사람의 권리를 배려하고, 법을 존중하는 가치를 받아들여야 한다"는 믿음을 말한다. 그런데 어떤 개인에게 이러한 믿음이 없거나 약하다면 그러한 사람들은 반사회적 비행이나 범죄를 가능성이 높아진다. 이러한 점에서 신념의 정도에 따라 유대의 강도가 달라진다는 것이다.

문12. 정답 ②

② ⓒ 퀴니(Quinney)는 마르크스의 경제계급론을 받아들이면서 사회주의 사회에서의 범죄 및 범죄통제를 분석하였다.

문13. 정답 ①

①(×) 타고난 기질과 어린 시절의 경험만이 범죄행위의 지속과 중단에 큰 영향을 미치는 것이 아니라, 초기 성인기와 그 이후의 경험도 범죄의 지속·중단 등 변화에 더 큰 영향을 미친다고 본다.
④(O) 결혼, 취업, 군입대는 범죄 궤적을 올바른 인생 방향으로 바꾸는 인생의 전환점(변곡점)으로서 큰 영향을 미치는 요인이라고 한다.

문14. 정답 ④

④ 양형에서는 법적 구성요건의 표지에 해당하는 사정이 다시 고려되어서는 아니 된다는 **이중평가금지의 원칙**이 적용된다.

문15. 정답 ①

① **직관적** 예측법은 경찰·검사·교도관 등이 그 분야의 오랜 경험을 바탕으로 한 직관적 예측능력을 활용하여 예측하는 방법이다. 이 방법은 예측하는 사람의 주관적 판단·경험·지식 등을 바탕으로 분석·평가하여 객관적 기준 없이 이루어지기 때문에 판단자에 따라 다른 기준이 나올 수 있고, 자의적 판단에 따른 불공정이 나타날 수 있다. 따라서 **신뢰성**이 높지 않다.

문16. 정답 ④

④ 이익의 확산효과(×) → 범죄발생의 전이효과(○).
① 뉴만(O. Newman)의 '방어공간'은 '자신을 방어하는 사회적 구조물을 물리적으로 설치함으로써 범죄를 예방하는 디자인'을 말한다.

참고 방어공간의 구성요소	
영역성	무엇인가 잘못된 것 같아 보일 때 조치를 취하도록 하는 어느 지역에 대한 소유의식
자연적 감시	CCTV처럼 특별한 장치에 의한 도움 없이도 자연스럽게 내부 또는 외부에서 이루어지는 행동을 관찰하는 능력
이미지(Image)	이웃으로부터 단절되지 않았고, 서로 보호받고 있으며, 어떤 일이 일어나면 이웃의 거주자들이 적극적인 조치를 취할 것처럼 느껴지는 지역에 대한 인상
환경(Milieu)	범죄율이 낮은 지역을 골라 가정 또는 건물을 배치하고, 보다 넓게는 범죄율이 낮춰지도록 지역사회를 조성하는 것

※ 뉴만은 영역성, 활동성 증대, 이미지, 환경을 방어공간 구성요소 개념으로 제시하였다.(×)

문17. 정답 ②

② 터크의 범죄화론에 의하면, 피지배집단의 힘이 약할수록 법이 엄격하게 집행된다고 한다. 그래서 하류계층이나 소수민족과 같이 힘이 없는 집단의 행위들이 주로 범죄화된다는 것이다. 갈등이론이란, 법제정 및 집행과정에서의 불공정성 내지 차별성이 범죄과정에서 가장 중요한 문제라고 보는 입장을 말한다.

문18. 정답 ④

④ 활동성 증대(×) → 유지·관리(○). '활동성 증대'란 공공장소에 대한 활발한 이용을 유도하여 주민들이 모여서 의견도 나누면서 유대감을 강화되게 함으로써 자연스러운 감시 효과를 높이고, 주민 스스로 안전감을 느끼도록 하는 범죄예방에 대한 접근법이다.
① '목표물의 견고화(강화)'는 클라크의 상황적 예방이론에서 제시한 '범죄 기회 차단을 위한 범죄 예방기법' 중 한 가지이다. 이는 또한 환경설계를 통한 범죄예방(CPTED)의 가장 오래된 접근원리 중 한 가지이기도 하다. 환경설계를 통한 범죄예방(CPTED)는 자연스러운 감시, 자연스러운 접근통제, 영역성 강화 등을 기본원리로 하면서 상황적 범죄예방 전략과 유사한 이론적 관점을 취한다.
② 최근의 3세대 환경설계를 통한 범죄예방(CPTED)은 장소·사람·기술·네트워크를 중요한 요소로 삼아 안전한 지역공동체를 유지하는 것을 강조하는 경향이다. 그 이전 2세대 CPTED는 범죄예방에 필요한 물리적 매개 요인에 대하여 직접적으로 개입하여 범죄 실행을 어렵게 하거나 범죄 두려움을 감소시키는 데 중점을 두고 있었다. '환경설계를 통한 범죄예방(CPTED)'이란 용어는 **제프리(Jeffery)**가 처음 사용하면서, 도시의 물리적·사회적 특징 모두가 그 지역의 범죄발생에 큰 영향을 미친다고 주장한 데서 발전되어 왔다. 이는 <u>합리적 선택이론, 깨진 유리창이론, 일상활동이론, 상황적 범죄예방이론</u> 등과 관련이 깊다.

문19. 정답 ①
① **가석방** 시나 형의 **선고유예** 시에는 부과할 수 **없**다. 형법 제59조의 2, 제73조의 2 제2항 참조. **집행유예** 시에만 보호관찰, 사회봉사명령, 수강명령을 선택적으로 또는 두 가지 처분 이상을 함께 부과할 수 있다. 형법 제62조의 2와 판례 참조.

문20. 정답 ③
③ 내향성(×) → 외향성(○). 아이젠크는 범죄자들에게는 정신병적 경향성과 외향성이 두드러지게 나타난다고 주장했다.

제7회 보호직 동형 모의고사 정답 및 해설

1	2	3	4	5	6	7	8	9	10
③	②	①	④	②	④	③	②	②	②
11	12	13	14	15	16	17	18	19	20
③	①	②	④	②	②	④	①	③	④

문1. 정답 ③

③ 깨진 유리창 이론은 다른 사회구조적 이론들과는 달리 거시적 사회정책이 아니라 미시적 형사정책의 차원에서 범죄대응책을 모색할 수 있다는 장점이 있다.

문2. 정답 ②

② '범죄자 치료와 갱생을 통한 사회복귀모델'은 주로 형집행단계에서 특별예방의 관점을 강조하고 있다.

문3. 정답 ①

㉠(×) 12시간 이내(×) → 24시간 이내(○). 검사가 소년피의사건에 대하여 소년부 송치결정을 한 경우에는 소년을 구금하고 있는 시설의 장은 검사의 이송 지휘를 받은 때로부터 법원 소년부가 있는 시·군에서는 24시간 이내에 소년을 소년부에 인도하여야 한다. 소년부가 없는 시·군에서는 24시간 이내에 인도하여야 한다. 법 제52조 참조.

㉡(×) 참고인(×) → 보호자(○). 소년보호사건에서 소년부 판사는 사건의 조사 또는 심리에 필요하다고 인정하면 기일을 지정하여 사건 본인이나 보호자 또는 참고인을 소환할 수 있으며, 사건 본인이나 보호자가 정당한 이유 없이 소환에 응하지 아니하면 소년부 판사는 동행영장을 발부할 수 있다. 참고인은 소환의 대상이기는 하지만, 동행영장의 발부 대상은 아니다. 법 제13조 참조.

㉢(×) 취소하여야 한다(×) → 취소할 수 있다(○). 보호처분이 계속 중일 때에 사건 본인에 대하여 유죄판결이 확정된 경우에 보호처분을 한 소년부 판사는 결정으로써 보호처분을 취소할 수 있다. 법 제39조 참조. 이 조문과 대비해서 구분하여할 내용은 제40조이다.

> 제40조(보호처분의 경합) 보호처분이 계속 중일 때에 사건 본인에 대하여 새로운 보호처분이 있었을 때에는 그 처분을 한 소년부 판사는 이전의 보호처분을 한 소년부에 조회하여 어느 하나의 보호처분을 취소하여야 한다.

㉣(×) 19세 이하(×) → 18세 미만(○). 죄를 범할 당시 18세 미만인 소년에 대하여 사형 또는 무기형으로 처할 경우에는 15년의 유기징역으로 한다. 법 제59조.

ⓜ(O)
「소년법」 제25조의3(화해권고) ① 소년부 판사는 소년의 품행을 교정하고 피해자를 보호하기 위하여 필요하다고 인정하면 소년에게 피해 변상 등 피해자와의 **화해를 권고할 수 있다.**
② 소년부 판사는 제1항의 화해를 위하여 필요하다고 인정하면 기일을 지정하여 소년, 보호자 또는 참고인을 소환할 수 있다.
③ 소년부 판사는 소년이 제1항의 권고에 따라 피해자와 화해하였을 경우에는 보호처분을 결정할 때 이를 고려할 수 있다.

ⓑ(X) 보호처분을 집행하는 자의 신청이 없으면 소년부 판사는 직권으로는 단기 보호관찰과 1개월 이내의 소년원 송치처분을 변경할 수 없다. '집행하는 자의 신청이 없더라도' 직권으로 변경할 수 있는 처분은 **보호자 등에게 감호위탁**(1호 처분), **소년보호시설에 감호위탁**(6호 처분), 병원·요양소, 의료재활소년원에 위탁(7호 처분)이다. 법 제37조 참조.

ⓐ(X) 소년부 판사는 장·단기 보호관찰처분을 할 때에 그 보호관찰 기간 동안이 아니라, **대안교육 등**은 3개월 이내의 기간을 정하여 받을 것을 명할 수 있고, **특정 시간대 외출을 제한하는 명령**은 1년 이내의 기간을 정하여 동시에 부과할 수 있다. 법 제32조의 2 참조.

문4. 정답 ④
④ 보호관찰소의 장이 관할 지방검찰청 검사에게 신청하여 검사의 청구로 관할 지방법원 판사의 구인장을 발부받아 보호관찰 대상자를 구인할 수 있다(「보호관찰법」 제39조).

문5. 정답 ②
② 벌금미납자는 노역장에 유치될 수 있고, 벌금 미납자의 사회봉사 집행에 관한 특례법(벌금미납자법)에 따라 벌금미납자에 대한 노역장 유치를 사회봉사로 대신하여 집행할 수 있다.

문6. 정답 ④
④ 영국에서 처음 시작될 때에는 본인의 동의를 요하였으나, 우리나라의 경우 본인의 동의를 요건으로 하지 않고 있다. 소년의 경우도 동의를 요건으로 하지 않고 있다.

문7. 정답 ③
③(X) 사회봉사명령 및 수강명령은 보호관찰관이 집행한다. 「소년법」 제33조 제4항 참조.

문8. 정답 ②
② 보호관찰은 보호관찰 대상자의 주거지를 관할하는 보호관찰소 소속 보호관찰관이 담당한다(제31조). 행위지, 거주지 또는 현재지를 관할로 하는 것은 소년보호사건이다(「소년법」 제3조 참조).

문9. 정답 ②
② 이 법은 가정폭력을 예방하고 가정폭력의 피해자를 보호·지원함을 목적으로 제정된 법이므로 가정폭력범죄자에 대한 보호처분을 규정하고 있지 않다. 「가정폭력범죄의 처벌 등에 관한 특례법」과 구분하자.

문10. 정답 ②
①(×) 자율성(×) → 운(운명주의·fatalism)(○).
②(○)
③(×) 뒤르껭(×) → 머튼(○). 클로워드와 올린의 차별적 기회구조이론은 **머튼의 아노미이론**과 **서덜랜드의 차별적 접촉(교제)이론**을 통합하여 만든 **하위문화이론**이다.
④(×) 티틀(Tittle)은 일탈 및 범죄는 약한 사회적 유대나 낮은 자아통제력에서 비롯된다고 주장하는 전통적 통제이론과 달리, 통제 그 자체가 아니라 '**통제의 균형**'이 어긋나는 정도(통제 불균형)에 비례하여 증가한다고 주장하면서 **통제균형이론**을 제시하였다.

문11. 정답 ③
③ 자연적 접근통제(×) → 영역성 강화(○). CPTED의 기본원리 중 '**영역성 강화**'란 사적 공간, 준사적 공간, 공적 공간상의 경계를 분명히 하여 공간이용자들이 사적 공간에 들어갈 때 심리적 부담을 주는 원리를 의미한다.

문12. 정답 ①
① 상황적 범죄예방이론에 대해서는, 한 지역의 **상황적 범죄예방활동의 효과**는 다른 지역으로까지 퍼져나가 다른 지역의 범죄예방에도 긍정적인 효과가 나타나게 된다는 '**이익의 확산효과론**'이 주장되기도 하지만, 이를 비판하는 입장에서는 상황적 범죄예방활동은 '풍선 효과'처럼 다른 시간·다른 지역으로 옮겨갈 뿐 사회 전체적으로는 범죄감소 효과가 거의 나타나지 않는다는 '**범죄의 전이론**'이 주장되기도 한다. 갑이 원래 A지역에서 범하려던 범죄가 C지역으로 옮겨간 것은 C지역 기준으로는 '**범죄의 전이**'에 해당한다. 을이 A지역의 상황적 예방 강화를 보고 B지역도 그러할 것으로 추측하여 B지역 대신 멀리 강 너 D지역으로 이동해서 범죄를 저질렀다면 B지역 기준으로는 무임승차효과로서의 '**이익의 확산효과**'에 해당하고, D지역 기준으로는 '**범죄의 전이**'에 해당한다.

문13. 정답 ②
①(○) ㉠은 21세기 형사사법의 목표가 되고 있는 '**회복적 사법**'에 관한 설명이다. 그러므로 브레이스웨이트의 **재통합적 수치이론**(재통합적 부끄럼주기 이론)과 관련이 많다.
②(×) ㉡은 낙인이론에 해당한다.
④(○) 낙인이론가들은 낙인효과를 줄이는 방안으로 **전환**(Diversion), 비범죄화, 비시설처우, 적법절차 강화, 탈낙인화 등을 주장했다. **검찰** 단계의 다이버전(전환)으로는 **기소유예·조건부 기소유예**가 대표적이고, 경찰 단계에서의 **훈방, 통고처분** 등은 **경찰 단계의 대표적인 다이버전**이다.

문14. 정답 ④

④ 재통합 모델에 관한 설명이다. 교정의 목적을 1) 처벌을 위한 교정, 2) 재활(사회복귀·rehabilitation)을 위한 교정, 3) 사법정의(justice)를 위한 교정으로 나눌 때, 재활(rehabilitation)을 위한 교정에 해당하는 교정처우모형으로는 의료모형·적응모형·재통합모형이 있다.

의료모형 (medical model)	의료모형은 생물학적 결정론에 기초해서 범죄자를 질병을 가진 환자로 보는 입장이다. 따라서 처벌 내지 교정은 단순한 처벌에 그쳐서는 아니 되고 범죄성을 치유하는 과정이 되어야 한다고 보며, 처우와 관련해서 다양한 정신건강치료시설과 같은 **교정 시설내처우**를 중시하며 **부정기형**을 강조한다. 이는 교정담당자의 재량을 크게 인정하고 자기결정의 자유를 인정하지 않는 것이 문제였고 교정효과도 크지 않아 1970년대 이후 **정의모형**으로 대체 또는 **적응모형**이나 **재통합모형**으로 수정 계승되었다.
적응(조정)모형 (adjustment model)	이 모형도 의료모형과 같이 기본적으로는 범죄자를 **치료**의 대상으로 보지만, 범죄자도 자신의 행위에 대해서 책임질 수 있고 법을 준수하는 의사결정을 할 수 있는 능력을 지닌 존재라고 보는 입장이다. 따라서 의료모형과는 달리 <u>범죄자를 단순히 교정의 객체가 아닌 적극적 주체로 파악</u>하고, 일방적 치료·교정이 아닌 주체적 참여를 강조하여 교류분석·현실요법 등을 통한 상호교류적 치료를 중시하며 치료를 위해 **사회와의 유대**를 소홀히 하지 않는다.
재통합모형	이 모형은 범죄자 문제는 범죄가 시작된 그 사회에서 해결되어야 한다는 전제에 기초하고 있다. 그러므로 <u>적응모형보다도 더 환경을 강조하며 보다 더 거시적인 환경을 범죄문제 해결에서 중요시한다</u>. 문제해결을 위해서는 범죄자가 사회와 재통합할 수 있도록 **사회내처우**(지역사회에 기반한 교정프로그램)를 중심으로 도와주어야 하며, 범죄자의 교화 개선에만 초점을 두지 말아야 하고 사회환경 개선도 동시에 중요시해야 한다고 주장한다.
정의모형 (justice model)	이 모형은 사법정의를 위한 교정에 바탕을 두고 있으며, 형사정책의 목표를 범죄자의 교화 개선보다는 **사법정의의 실현**에 둔다. 이에 따라 <u>범죄에 대해 마땅히 받아야 할 범죄에 상응한 공정한 형벌이 강조</u>된다. 다시 말해, 처벌이 공리적인 처벌이나 범죄자의 억제 및 교화 개선과 같이 범죄자나 사회에 대한 이익을 위해 활용되는 것이 아니라, **처벌받아야 마땅하기 때문에 당연히 처벌되어야 한다**는 것이다. 이는 <u>신응보주의 형벌이념에 기반한 처벌모델</u>이다.

문15. 정답 ②

②(×) 범죄로 인하여 기대되는 이익보다 **손실**이 더 **크**다면 범죄는 억제될 수 있다.
③(○) **특별억제**는 처벌의 고통을 **직접** 겪은 전과자를 대상으로 한 **재범 방지**에 중점을 둔다면, **일반억제**(general deterrence)는 자신이 직접 처벌을 받지 않았지만 다른 사람들이 처벌받는 것을 지켜보면서 범죄를 범한다면 발생하게 될 처벌의 고통을 **간접적**으로 인식하고 **일반인**이 범죄를 범하지 않는 선택을 하도록 **억제**하는 처벌기능이다.

문16. 정답 ②

② 고전주의 범죄학파에 대한 설명이다.

문17. 정답 ④

④ 형사사법체계에 의해서 수행되는 공식적 통제를 통한 범죄예방을 설명하는데 유용한 이론은 베카리아 등의 **고전주의 범죄학이론**과 현대고전주의이론 중 **제지(억제)이론**(Deterrence Thery)이다. 일상활동이론은 범죄피해의 위험을 줄이기 위하여 보호력(감시)를 높이고 표적의 취약성을 감소시키는 **비공식적 조치(통제)**를 중시한다.

문18. 정답 ①

① **코호트(cohort)연구**에 해당하는 사례이다. 코호트연구는 **추적조사(follow-up-study)의 일종**으로, 일정 기간 동안 일정한 특성(상황)을 지닌 집단에 대하여 일정 시점과 일정한 시간이 경과한 다음 시점 간의 **시계열적 비교방법**이다. **추적(추행)조사**가 한 개인에 대해 사례연구(case study) 차원에서 개별적으로 일정한 시점과 일정한 시간이 경과한 시점 간의 추행적인 비교 분석방법이라면, 코호트연구는 **비슷한 상황을 거친 일정 단위 집단에 대한 추행적인 비교 분석방법**이라는 점에서 차이가 있다. 코호트연구에서는 어떤 요인과 범죄의 상관관계가 통계치로 확률적으로 설명된다.
② 참여적 관찰법
③ 자기보고식조사(범죄자조사)
④ 실험연구

문19. 정답 ③

경찰청 사이버범죄 유형에는 **정보통신망 침해범죄, 정보통신망 이용범죄, 불법 컨텐츠 범죄**의 세 가지이 있다.

③ 경찰청 사이버범죄 분류(2021년 기준)에 따르면 몸캠피싱은 **정보통신망 이용범죄** 중 **사이버 금융범죄**에 속한다. **불법 컨텐츠 범죄**에는 사이버 성폭력, 사이버 스토킹, 사이버 도박, 사이버 명예훼손, 사이버 모욕 등이 속한다.

참고) 경찰청 사이버범죄 분류

대(大)분류	중(中)분류	소(小)분류
정보통신망 침해범죄	해킹	계정도용, 단순 침입, 자료훼손
	서비스거부 공격(DDoS)	
	악성프로그램	
	기타 정보통신망 침해형범죄	
정보통신망 이용범죄	사이버 사기	직거래 사기, 쇼핑물사기, 게임사기
	사이버 금융범죄	피싱, 파밍, 스미싱, 메모리 해킹, 몸캠 피싱
	개인 위치정보 침해	
	사이버 저작권 침해	
	사이버 스팸메일	
	기타 정보통신망이용범죄	컴퓨터 등 사용 사기, 전자화폐 등에 의한 거래행위
불법 컨텐츠 범죄	사이버 성폭력	불법 성(sex)영상물, 아동 성착취물, 불법촬영물 유포
	사이버 도박	스포츠 토토, 경마·경륜 등 인터넷 도박
	사이버 명예훼손·모욕, 사이버 스토킹	사이버명예훼손, 사이버모욕, 사이버스토킹
	기타 불법 컨텐츠범죄	청소년 유해매체물 미표시 등

문20. 정답 ④

④ 헤이건(Hagan)과 그의 동료들은 **권력-통제이론**을 통해 가부장적 가정과 평등주의가정에서의 범죄 성비는 성적 불평등과 가부장적 사회의 반영이라고 설명한다.

③ 체스니-린드는 **급진적 페미니즘 범죄이론가**인데, 그녀는 가부장제에 의한 여성 억압은 남성의 여성에 대한 공격과 여성의 성(gender)에 대한 통제로 나타난다고 주장한다. 그리고 범죄자로서의 여성과 형사사법과 관련해서는, '**여성의 생존전략의 범죄화**' 개념을 제시했다. 이는 범죄를 저질러 형사사법절차에 회부되는 여성들 중 상당수는 성적으로 유린당하거나 폭력을 겪는 과정에서 길거리 생활을 할 수밖에 없는 상황에 처해지고, 그러한 경우에 성매매 등 생존 수단으로서의 범죄를 행하게 된다는 것이다. 즉, 신체적·성적 폭력의 피해자가 그러한 폭력을 회피하기 위해 선택한 생존수단이 그와 같은 여성들의 범죄 원인으로 작용하였고, 이는 '**피해와 가해의 모호한 경계**'로서의 특징으로 설명된다는 것이다. 또한 <u>여성범죄자는 일관되게 가볍게 처벌되는 것이 아니라</u>, 가족 부양과 관련하여 일부 범행은 가볍게 처벌되는 경우는 있지만(**가족주의적 사법**) <u>전통적인 여성성을 위반했다고 인정되는 범행은 더 엄중하게 처벌이 이루어지며</u>, 이러한 처벌에 더하여 사회로부터도 부정적 반응을 받게 되어 '이중의 일탈자(double deviant)'로 낙인된다고 보았다.

제8회 보호직 동형 모의고사 정답 및 해설

1	2	3	4	5	6	7	8	9	10
①	②	②	④	②	③	③	③	③	②
11	12	13	14	15	16	17	18	19	20
④	②	②	①	①	②	①	④	④	②

문1. 정답 ①
① 베카리아는 벤담과 함께 고전주의 범죄학파를 대표한다. 그분은 "범죄에 대한 형벌은 오직 법률을 통해서만 가능하다"(죄형법정주의)고 하면서 "형벌의 목적은 오직 범죄자가 시민들에게 새로운 해악을 입힐 가능성을 방지하고(특별억제), 타인들이 유사한 행위를 할 가능성을 억제시키는 것이다(일반억제·일반예방)". 그리고 '범죄와 형벌 사이의 비례(죄형균형론)'을 통해 **잔혹한 형벌**에 대해서는 반대했다.
② 롬브로소(Rombroso)는 생래적(타고난) 범죄인설, 격세유전설, 범죄인 정형설을 주장한 범죄인류학의 창시자로서 '**현대(근대) 범죄학의 아버지**'로 평가받고 있다.
③ 뒤르켐은 아노미 이론을 최초로 제시했고 범죄정상설, 범죄필요(기능)설, 범죄필연설 등을 제시했다.
④ 서덜랜드는 **사회학습이론으로 차별적 접촉(교제)이론**을 제시한 미국의 범죄사회학자이다.

문2. 정답 ②
①(×) 스토킹행위가 지속적 또는 반복적으로 이루어진 경우가 아니라면 스토킹범죄에 해당하지 않는다. 법 제2조 참조.
②(O) 법원은 **잠정조치**의 하나로써 결정으로 스토킹행위자에게 **위치추적 전자장치 부착**의 조치를 할 수 있다. 법 제9조 참조.
③(×) 형의 **선고를 유예하는 경우**에는 수강명령을 병과할 수 없다. 법 제19조 1항 참조.
④(×) 3개월 이내(×) → **6개월** 이내(×). 법 제19조 4항 참조.

문3. 정답 ②
② 비결정론적 시각(×) → 결정론적 시각(O). 비결정론은 '자유의사론'을 의미한다.

문4. 정답 ④
①(×) 반대로 기술되었다. 직접적인 대면접촉보다 매스컴을 통한 동일시 과정이 더욱 중요하게 작용한다.
②(×) 범죄행위에 대해 처벌이 이루어지지 않아 **범죄행위가 지속 · 강화**된다면 이것은 **부정적 강화**이다. '**부정적 강화**'란 고통을 주는 자극을 제거함으로서 행동을 지속하도록 하는 조건과 고통을 주는 자극을 회피하도록 하여 행동을 지속하도록 하는 조건을 제공하는 상황을 말한다. '**부정적 처벌**'이란 어떤 바람직한 행동을 했음에도 기대되는 보상이 주어지지 않음으로써 그러한 행위를 지속하지 않고 중단하는 상황이다.
③(×) 서덜랜드(×) → 글레저(글레이저)(○)

문5. 정답 ②
② 생활양식 · 노출이론은 일상행위이론(일상활동이론)과 함께 신고전주의 이론에 바탕을 둔 '**기회이론**'을 대표하는 이론이다. 이 이론의 대표적인 주장자는 **힌델랑과 갓프레드슨**(Hindeling & Gottfredson)이다. 생활양식 이론은 개인의 생활양식의 선택과 그 생활양식을 기반으로 한 일상적인 활동이 범죄피해의 야기와 밀접한 관계를 만든다는 주장하는 **범죄피해자학 이론**이다. **생활양식**은 개인의 직업 활동과 여가 활동을 포함하는 일상적인 활동의 형태를 말한다. 이는 <u>지역이나 계층 또는 남녀노소 등 인구학적 · 사회학적 조건에 따라 **생활양식**이 정해지고, 그러한 **생활양식의 차이**는 개인의 범죄에 대한 **근접성**과 **취약성**의 정도를 결정하고, 이것은 곧 범죄로부터 **피해를 입을 가능성의 차이**를 나타내게 한다</u>는 주장이다. 이 이론은 처음에는 사회계층별 폭력범죄의 피해위험성의 차이를 밝히기 위해서 제시되었으나, 점차로 **재산범죄**의 피해 위험성의 차이를 설명하는 데까지 확대되었다.

문6. 정답 ③
③ 살인은 피해자가 1~3명인 '일반살인'과 4명 이상의 피해자가 발생하는 다수(다중) 살인으로 구분한다. <u>다수 살인은 대량살인, 연속살인, 연쇄살인으로 세분된다.</u>

문7. 정답 ③
③(×) **피해자 없는 범죄**(victimless crimes)란 전통적인 범죄와는 달리 피해자와 가해자의 관계가 분명하지 않다는 점에서 피해자를 특정하기 어려운 범죄를 의미한다. 다시 말해, 가해자와 피해자의 관계에서 볼 때, 약물 남용행위처럼 <u>같은 범죄행위의 가해자가 동시에 피해자가 되는 경우</u>, 성매매처럼 <u>가해자와 피해자가 합의에 의해 행해지는 경우</u>, 기업범죄나 화이트칼라 범죄처럼 <u>범죄의 피해자가 특정인이 아닌 불특정 다수인 경우</u>가 피해자 없는 범죄에 포함된다. 다만, 좁은 의미의 피해자 없는 범죄로 한정할 때에는 이러한 행위들 중 <u>공공법익을 가볍게 침해하여 사회유해성 또는 법익 침해성이 크지 않으므로 비범죄화하기에 적합한 행위유형</u>을 가리킨다.
④(○) 사이버범죄는 시간적 · 공간적 제한이 거의 **없고**, 비대면적 · 익명적으로 행해지며, 피해가 빠르게 전세계로 퍼질 수 있다. 또한 검거가능성이 **낮**으므로 <u>높은 은폐성</u>을 띠며 <u>수익성도 높다</u>. 그리고 **범죄성의 인식 미약성**도 특징이다. 즉, 사이버범죄는 단순한 재미를 느끼기 위해서 또는 자기의 기술을 뽐내보려는 의도에서 행하는 경우도 많으므로 <u>범죄 의식이 약하다</u>는 특징이 있다.

문8. 정답 ③
③ 개별주의는 사건을 병합하여 조치해서는 아니 되고, 소년사법절차에서 비행사건은 언제나 소년 개인을 단위로 한 독자적 사건으로 취급하고, 개개의 소년이 지니고 있는 개개인의 특성에 맞게 처우하는 것을 뜻한다. 이와 관련하여 「소년법」은 "소년에 대한 형사사건의 심리는 다른 피의사건과 관련된 경우에도 심리에 지장이 없으면 그 절차를 분리하여야 한다"(제57조)라고 규정하고 있다.

문9. 정답 ③
③ 허쉬의 사회통제이론은 비공식적 통제력을 강화시킬 수 있도록, 건전한 사회집단과의 유대강화가 범죄의 대책이다.

문10. 정답 ②
② 헤이건은 직장 내에서의 권력적 지위가 가정구성원 간의 권력 관계에 반영된다고 주장한다.
④ 콜빈과 폴리에 의하면 가정에서 자녀들의 양육에 있어서 가장 문제가 되는 **미숙련 저임금 노동자 집단**은 직장 내에서의 강압적인 통제방식에 익숙해져 있으므로, 이들은 직장 내에서의 강압적인 통제방식을 자녀 양육에 적용한다고 한다. 그리하여 이들은 강압적이고 과도하며 일관성 없는 처벌로 자녀들을 부모의 요구에 순종하게 만든다. 이것은 부모와 자녀 사이의 정상적인 유대를 방해할 뿐 아니라 선생님과의 유대관계도 왜곡시키고, 낮은 학업성취도와 소외감을 키워 주류사회와의 단절을 유발한다.

문11. 정답 ④
④(×) 법무부장관의 허가를 받아(×) → 법원의 허가를 받아(○), 적당한 자로 하여금(×). **소년원장 또는 소년분류심사원장**은 미성년자인 보호소년이 친권자나 후견인이 없거나 있어도 그 권리를 행사할 수 없을 때에는 법원의 허가를 받아 그 보호소년을 위하여 원장이 친권자나 후견인의 직무를 행사할 수 있다. 법 제23조 참조.

문12. 정답 ②
②(×) **실질적** 의미의 범죄와 형식적(형법적) 의미의 범죄를 바꾸어 설명하고 있다.

문13. 정답 ②
①(×) 총액벌금형제를 취하면 빈부에 따른 형벌고통의 불공정성이 나타난다. 그러므로 **일수벌금제**를 채택해야 상류층에 대한 형벌효과를 실현할 수 있다.
③(×) 5년(×) → 3년(○). 하나의 위법행위에 대하여 금고 이상의 형을 선고한 판결이 확정된 때부터 그 집행을 종료하거나 면제된 후 <u>3년</u>까지의 기간에 범한 죄에 대하여 형을 선고하는 경우에는 집행유예를 할 수 없다. 「형법」 제62조 1항 참조.
④(×) 충격구금은 단기간 자유형 집행 후 조기석방하면서 보호관찰을 시행하는 제도이므로, <u>단기자유형의 폐해가 나타날 가능성이 많다</u>.

문14. 정답 ①
① 양형 인자는 책임을 증가시키거나 감소시키는 가중·감경 인자인 **특별 양형 인자**와 일반적으로 책임평가 기준이 되는 **일반 양형 인자**로 구분된다.
우리나라 <u>양형기준은 법관이 존중하되 법적 구속력을 갖지 않는 권고적 효력만 갖고 있다</u>.
「법원조직법」 제81조의 7(**양형기준의 효력** 등) : 법관은 형의 종류를 선택하고 형량을 정할 때 **양형기준을 존중하여야 한다**. 다만, 양형기준은 법적 구속력을 갖지 아니한다. **법원이 양형기준을 벗어난 판결을 하는 경우에는 판결서에 양형의 이유를 적어야 한다**. 다만, 약식절차 또는 즉결심판절차에 따라 심판하는 경우에는 그러하지 아니하다.

문15. 정답 ①
① 비행이란 <u>법률 위반 행위를 포함하여 **도덕적으로 옳지 않은 잘못된 행위**를 말한다</u>. 범죄학은 보통 '**청소년 비행**(juvenile delinquency)'이라는 개념으로 사용된다. 비행행위에는 절도와 같은 범죄행위뿐 아니라 청소년이 성인영화를 감상하는 행위, 음주·흡연·결석·가출 등 지위비행(status offense)도 포함된다. **비행은** <u>범죄보다는 넓은 개념이고, 일탈보다는 좁은 개념이다</u>. 비행은 형사법령에 금지된 행위가 아니지만 법원소년부 등 <u>형사사법기관이 개입한다</u>.

문16. 정답 ②
②(×) 아이젠크(×) → 허쉬와 힌들랑(○). 허쉬와 힌들랑은 저지능이 저조한 학업성취를 가져오고, 학업에서의 실패와 무능은 비행 및 범죄와 높은 관련성을 갖는다고 하여 <u>지능과 비행·범죄와의 직접적인 인과관계보다는 간접적인 영향에 의한 상관관계는 인정하였다</u>.

문17. 정답 ①
① 조직범죄는 정치적 목적이나 이해관계가 개입되지 않으며, 일부 정치적 참여는 자신들의 보호나 면책을 위한 수단에 지나지 않는다. 이에 따라 조직범죄는 <u>비이념성</u>이 대표적 특징이다.

문18. 정답 ④

①(×) 몰수는 원칙적으로 다른 형에 부가하여 과하는 **부가형**이다. 따라서 **주형**을 선고유예하는 경우에 몰수나 추징의 선고유예도 가능하다. 그러나 **주형**의 선고를 유예하지 않으면서 몰수와 추징에 대하여만 선고를 유예할 수 없다. 그러나 행위자에게 유죄의 재판을 하지 아니할 때에 몰수의 요건이 있는 때에는 예외적으로 몰수만을 선고할 수도 있다(「형법」제49조). 따라서 <u>주형의 선고를 유예하는 경우 몰수의 요건이 있는 때</u>에는 몰수형만의 선고를 할 수 있다.

②(×) 형의 선고유예 판결이 확정된 후 **2**년을 경과한 때에는 **면소**된 것으로 간주하고, 그 뒤에는 실효의 대상이 되는 선고유예의 판결이 존재하지 않으므로 선고유예 실효의 결정을 할 수 없다.「형법」제60조 참조.

③(×) 형의 선고를 유예하는 경우에 재범 방지를 위하여 지도 및 원호가 필요한 때에는 보호관찰을 받을 것을 명할 수 있는데, 이에 따른 **보호관찰의 기간은 1년**으로 한다.「형법」제59조의 2 참조.

④(○) 피고인이 범죄사실을 자백하지 않고 부인할 경우에는 언제나 선고유예를 할 수 없다고 해석할 것은 아니다. 대법원 판례(2003. 2. 20. 2001 도 6138 전원합의체판결)에 따르면, 선고유예의 요건 중 '개전의 정이 현저한 때(뉘우치는 정상이 현저한 때)'란 양형의 조건을 종합적으로 고려해서 정할 때 '재범의 위험성이 없다'고 판단되면 되므로 <u>피고인이 범죄의 사실을 부인한 경우라도 선고유예를 할 수 있다</u>. 또한 '**개전의 정이 현저한가**(뉘우치는 정상이 현저한가)'의 판단기준도 '**행위시**'가 아니라, '**재판시**'이므로 범죄사실을 부인했었다해도 <u>판결시를 기준으로 볼 때 재범위험성이 없으면 선고유예를 할 수 있도록 해야</u> 한다.

문19. 정답 ④

④「가정폭력범죄의 처벌 등에 관한 특례법」상 보호관찰처분을 받은 자: 6개월 이내. 법 제
「가정폭력범죄의 처벌 등에 관한 특례법」(약칭: 가정폭력처벌법)

> **제40조(보호처분의 결정 등)** ① 판사는 심리의 결과 보호처분이 필요하다고 인정하는 경우에는 결정으로 다음 각 호의 어느 하나에 해당하는 처분을 할 수 있다.
> 1. 가정폭력행위자가 피해자 또는 가정구성원에게 접근하는 행위의 제한
> 2. 가정폭력행위자가 피해자 또는 가정구성원에게 「전기통신기본법」 제2조제1호의 전기통신을 이용하여 접근하는 행위의 제한
> 3. 가정폭력행위자가 친권자인 경우 피해자에 대한 친권 행사의 제한
> 4. 「보호관찰 등에 관한 법률」에 따른 사회봉사·수강명령
> 5. 「보호관찰 등에 관한 법률」에 따른 보호관찰
> 6. 법무부장관 소속으로 설치한 감호위탁시설 또는 법무부장관이 정하는 보호시설에의 감호위탁
> 7. 의료기관에의 치료위탁
> 8. 상담소등에의 상담위탁
> ② 제1항 각 호의 처분은 병과(倂科)할 수 있다.
> ③ 제1항 제3호의 처분을 하는 경우에는 피해자를 다른 친권자나 친족 또는 적당한 시설로 인도할 수 있다.
> ④ 법원은 보호처분의 결정을 한 경우에는 지체 없이 그 사실을 검사, 가정폭력행위자, 피해자, 보호관찰관 및 보호처분을 위탁받아 하는 보호시설, 의료기관 또는 상담소등의 장에게 통지하여야 한다. 다만, 수탁기관이 민간에 의하여 운영되는 기관인 경우에는 그 기관의 장으로부터 수탁에 대한 동의를 받아야 한다.
> **제41조(보호처분의 기간)** 제40조 제1항 제1호부터 제3호까지 및 제5호부터 제8호까지의 보호처분의 기간은 6개월을 초과할 수 없으며, 같은 항 제4호의 사회봉사·수강명령의 시간은 200시간을 각각 초과할 수 없다.

문20. 정답 ②

ⓒ과 ⓔ 2개만 옳은 내용이다.
ⓐ(×) 신설하는 소년원 및 소년분류심사원은 수용정원이 150명 이내의 규모가 되도록 하여야 한다. 다만, 소년원 및 소년분류심사원의 기능·위치나 그 밖의 사정을 고려하여 그 규모를 증대할 수 있다. 법 제6조 참조.
ⓑ(×) 시설의 안전과 수용질서를 현저히 문란하게 하는 보호소년에 대한 교정교육을 위하여(×). 유치소년이 유치기간을 연장할 필요가 있는 경우에는(×).
소년분류심사원장은 유치소년에 대하여는 중환자로 판명되어 수용하기 위험한 경우 등 또는 심신장애 등의 사유로 특별히 보호할 필요가 있는 경우 등의 사유가 있는 때에 한하여 유치허가의 취소에 건한 의견만을 제시할 수 있다. '시설의 안전과 수용질서를 현저히 문란하게 하는 보호소년에 대한 교정교육을 위하여 보호기간을 연장할 필요가 있는 경우'는 보호소년과 위탁소년에게만 적용할 수 있다.

> 제9조(보호처분의 변경 등) ① **소년원장**은 보호소년이 다음 각 호의 어느 하나에 해당하는 경우에는 소년원 소재지를 관할하는 법원소년부에 「소년법」 제37조에 따른 보호처분의 변경을 신청할 수 있다.
> 1. 중환자로 판명되어 수용하기 **위험**하거나 장기간 치료가 필요하여 교정교육의 실효를 거두기가 어렵다고 판단되는 경우
> 2. 심신의 장애가 현저하거나 임신 또는 출산(유산·사산한 경우를 포함한다), 그 밖의 사유로 **특별한 보호**가 필요한 경우
> 3. 시설의 안전과 수용질서를 현저히 문란하게 하는 보호소년에 대한 교정교육을 위하여 보호기간을 **연장**할 필요가 있는 경우
> ② **소년분류심사원장**은 위탁소년이 제1항 각 호의 어느 하나에 해당하는 경우에는 위탁 결정을 한 법원소년부에 「소년법」 제18조에 따른 임시 조치의 취소, 변경 또는 연장에 관한 의견을 제시할 수 있다.
> ③ **소년분류심사원장**은 유치소년이 제1항 제1호 또는 제2호에 해당하는 경우에는 유치 허가를 한 지방법원 판사 또는 소년분류심사원 소재지를 관할하는 법원소년부에 유치 허가의 취소에 관한 의견을 제시할 수 있다.

ⓒ(○) 20일 이내의 기간 동안 지정된 실(室) 안에서 근신하게 하는 징계는 14세 미만의 보호소년 등에게는 부과하지 못한다. 법 제15조 3항 참조.
ⓓ(○) 출원하는 보호소년 등에 대한 사회정착지원의 기간은 6개월 이내로 하되, 6개월 이내의 범위에서 한 번에 한하여 그 기간을 연장할 수 있다. 법 제45조의 2 제2항 참조.
ⓔ(×) 원장은 법원 또는 검찰의 조사·심리, 이송, 그 밖의 사유로 보호소년 등을 호송하는 경우, 소속공무원으로 하여금 **수갑, 포승**이나 또는 **보호대**를 사용할 수 있다. 그렇지만 **가스총, 전자충격기, 머리보호장비**는 호송할 때 사용할 수 없다. 법 제14조의 2 참조.

제9회 보호직 동형 모의고사 정답 및 해설

1	2	3	4	5	6	7	8	9	10
②	②	④	②	③	④	④	④	③	②
11	12	13	14	15	16	17	18	19	20
②	①	④	③	②	①	③	④	③	④

문1. 정답 ②

② 타르드(×) → 라까사뉴(Lacassagne)(○) – "사회환경은 범죄의 배양기이고 범죄자는 그 미생물에 해당하므로, 처벌해야 하는 것은 범죄자가 아니라 사회이다."라고 주장하여 사회환경 일원론과 사회적 책임론을 체계화했다. 그는 사회학적 범죄이론을 주장하면서도 사형은 해당 국가의 철학 등에 따라 허용될 수 있다고 하였다(사형존치론). 타르드는 범죄행위를 포함하여 모든 인간의 행위는 다른 사람을 모방하는 데서 시작된다고 하여 '모방의 법칙'을 제시했다.
① 페리의 범죄포화의 법칙에 대한 설명이다. 페리는 마르크스의 유물론, 스펜서의 사회관, 다윈의 진화론, 롬브로소의 생래적 범죄인설을 결합하여 '범죄사회학'을 제창한 범죄인류학자이다.
③ 뒤르껭(뒤르켐)은 사회학적 이론으로서 **구조기능주의**를 제시했고, 범죄정상설 및 범죄필요설(범죄기능설), 아노미 개념, 객관적(절대적) 범죄 개념의 부존재를 주장했다. 그는 사회가 발전하고 분업화·문명화될수록 형법은 억압적 형태에서 보상적 형태로 변화한다는 **형법발전론**(형벌발전론)을 제시하였다.
④ 리스트는 다원적 범죄원인론, 특별예방론, 범죄학과 형사정책·형법학·행형학을 통합한 총체적 형법학, 법익침해 의식이 없거나 희박한 범죄자 등 범죄자의 8가지 유형 제시, 범죄 원인과 처우를 세분하여 개선이 가능하고 개선이 필요한 자에게는 개선·개선을 필요로 하지 않는 자에게는 위하·개선이 불가능한 범죄자에 대해서는 무해화 조치를 부과해야 한다는 처우의 개별화 등이 학문적 업적이다.

문2. 정답 ②

②(×) 코헨(×) → 클로워드와 올린(○). 클로워드와 올린의 **차별적 기회구조이론**에 따르면, 합법적 수단이 이용 가능하지 않을 때 비합법적 수단에 호소하게 되지만(**범죄적 하위문화**), 이러한 합법적 및 비합법적 수단이 모두 이용 가능하지 않을 때 **이중의 실패자**(double failures)가 된다. 전형적인 이중실패자는 **도피형 하위문화** 속하는 하위계층이다.

문3. 정답 ④

④(×) 애그뉴(×) → 사이크스와 마차(○). 사이크스와 마차의 중화기술이론에 따르면, 범죄는 사회적으로 용인된 기술을 학습하여 얻은 자기합리화의 결과이다. 애그뉴는 통제이론가가 아니라 **일반긴장이론**의 주장자이다.

①(○) 라이스(A. Reiss)는 소년비행의 원인을 낮은 자기 통제력이나 사회적 통제의 결핍 또는 약화에서 찾았다. 다시 말해, 라이스(리스)는 청소년범죄의 원인이 청소년의 **개인의 통제력 부족**에 있다고 보았고, 개인의 통제력을 사회의 규범을 위반하고자 하는 욕구를 절제하는 능력이라고 보았다.

②(○) 레크리스(W. Reckless)는 청소년 비행의 설명 요인을 **내적 배출, 외적 유인과 압력** 요인이라고 보았다. **봉쇄(제지)이론**에 따르면, 범죄 유발 요인이 있다해도 내·외적 통제가 작동하는 경우에는 비행을 극복할 수 있다고 한다. 외적 통제는 부모 등 외부의 사람이나 제도에 의한 통제이고, 내적 통제는 **자기 통제력**이라 할 수 있는데, 특히 내적 통제가 비행을 결정하는 중요한 요소가 된다고 보았다. 무엇보다도 청소년이 범죄환경의 압력을 극복하는 데 크게 영향을 미치는 것은 좋은 자아관념(강한 자아상)이다. 그래서 그의 이론을 '**자아 이론**(self theory)'이라고도 부른다.

③(○) 갓프레드슨과 허쉬(Gottfredson & Hirschi)는 실증주의 학파와 고전주의 학파를 통합하는 일반이론을 제시하였다. 범죄행위의 궁극적인 원인이 자기 통제력 부족이라고 주장하였다.

문4. 정답 ②

②(×) **생애과정이론**(인생항로이론)은 인간의 발달이 출생 시나 출생 직후에 나타나는 주된 속성에 따라 결정된다고 보는 **잠재적 특성이론**과는 달리, **범죄성**이나 인간의 발달이 여러 원인의 영향을 받으며 사람들이 성숙함에 따라 변화되어 간다고 본다.

문5. 정답 ③

③(○) 버제스(E. W. Burgess)는 경험표(experience table)라 불렸던 예측표를 작성·활용하여 객관적인 범죄예측의 기초를 마련하였다.

①(×) 통계적 예측법(점수법)은 전체적 평가법(임상적 예측법)에서 범하기 쉬운 객관성 문제를 개선하기 위해 개발된 방법이다.

②(×) 통계적 예측법(×) → 전체적 평가법(○). 전체적 평가법은 범죄자의 소질과 인격에 대한 상황을 분석하여 범죄자의 범죄성향을 임상적 경험에 의하여 예측하는 방법이다.

④(×) 가석방 시의 예측은 교도소에서 가석방을 결정할 때 수용 생활 중의 성적만을 고려하여 결정하는 것이 아니라, 나이·범죄동기·죄명·형기·생활환경·재범의 위험성 등을 고려하여 평가한다.

문6. 정답 ④
① (×) 만 19세 미만의 자에 대하여 부착명령을 선고한 때에는 19세에 이르기까지 이 법에 따른 전자장치를 부착할 수 없다. 법 제4조 참조.
② (×) 전자장치 부착기간은 이를 집행한 날부터 기산하되 초일은 산입하여, 초일은 시간을 계산함이 없이 1일로 산정한다. 그리고 전자장치를 신체로부터 분리하거나 손상 등으로 그 효용을 해한 기간이나 정당한 사유 없이 전자장치를 부착하지 아니한 기간은 부착 기간에 산입하지 아니한다. 다만, 보호관찰이 부과된 사람의 전자장치 부착기간은 보호관찰기간을 초과할 수 없다. 법 제32조 1·2항 참조.
③ (×) 전자장치 부착명령의 청구는 공소제기와 동시에 하지 아니해도 되고, 공소가 제기된 특정 범죄사건의 항소심 변론종결 시까지 하면 된다. 법 제5조 6항 참조.
④ (○) 법원이 특정범죄를 범한 자에 대하여 형의 집행을 유예하고 보호관찰을 받을 것을 명하면서 전자장치를 부착할 것을 명한 경우 이 부착명령은 집행유예가 실효 또는 취소되거나 집행유예된 형이 사면되어 형의 선고의 효력이 상실되면 그 집행이 종료된다. 법 제30조 참조.

문7. 정답 ④
① (×) 범죄(공식)통계표 분석 방법은 범죄와 범죄자의 상호 연계 관계를 해명하는 데 유용하다. 그러나 숨은 범죄를 발견할 수 없다.
② (×) 참여적 관찰 방법은 조사 대상에 대한 생생한 실증자료를 얻을 수 있으나, 연구 결과를 객관화기 어려운 단점이 있다.
③ (×) 실험적 연구 방법은 어떤 가설의 타당성을 검증하거나 새로운 사실을 관찰하는 데 유용하지만, 인간을 대상으로 하는 연구를 적용하기 어렵다.

문8. 정답 ④
④ **집합효율성**이 높은 지역의 청소년은 일탈적인 또래와 더 적게 마주치며 문제행동에 더 적게 참여하게 된다. 안정되어 집합효율성이 높은 지역에 있는 청소년은 폭력적인 상황과 마주치는 것을 피하기 위한 기술을 갖고 있으며 그들 지역이 안전하다고 느끼면서 문제행동에 적게 참여한다(거리의 효율성). 사회생태학파의 주장에 따르면, 변화 수준·범죄에 대한 두려움·무질서·빈곤·쇠퇴 등 지역사회의 삶의 질은 지역 범죄율에 직접적인 영향을 미친다. 이는 **범죄의 주된 원인**이 어떤 개인의 특성이나 기질이라기보다는 지역의 질과 주위 환경이라는 것을 보여준다. 높은 수준의 사회통제와 집합효율성을 지닌 지역에서의 비행·범죄율은 경제적 상황과는 상관없이 감소하는 것으로 나타나고 있다.

문9. 정답 ③
①(×) 버제스(Burgess)와 에이커스(Akers)의 차별적 강화이론에 의하면, 범죄 행동은 고전적 조건형성의 원리가 아니라 조작적 조건화 원리에 따라 학습된다.
②(×) 밀러(Miller)는 말썽꺼리 등 6가지 하위계층만의 주요관심사(관심의 초점)로 하위문화의 특징을 설명하고 있고, 코헨은 집단자율성 등 6가지 하위문화 특성을 다르게 제시한다. 코헨은 하위문화 형성과정을 반항 과정으로 보지만, 밀러는 하위문화 형성을 고유문화로 본다는 점에서 차이가 있다.
④(×) 비행청소년들이 비행가치를 받아들여 비행이 나쁘지 않다고 생각하기 때문에 비행을 저지른다고 보는 입장은 코헨이나 밀러의 비행적 하위문화이론이다. 마차와 사이크스의 중화기술이론은 범죄자(비행자)에게도 이미 학습한 규범이 내면화되어 있어 그들은 범행 시 준법적인 가치와 태도를 유지하고 있지만 단지, 이들은 일탈행위의 정당화(변명)기술을 잘 배워서(학습이론), 이들에게 내면화되어 있는 규범의식이나 가치관을 순간적으로 중화시킴으로써 통제가 약화되어 범죄를 행하게 된다고 본다(통제이론).
중화기술이론은 학습이론의 범주에 속하는 이론이면서, 또한 통제이론에 속하는 이론이기도 하다. 범죄학계에서는 일반적으로 통제이론의 범주에 속하는 이론으로 보고 있다.

문10. 정답 ②
②(×) 7일 이내(×) → 10일 이내(○). 사회봉사 대상자는 법원으로부터 사회봉사 허가의 고지를 받은 날부터 10일 이내에 사회봉사 대상자의 주거지를 관할하는 보호관찰소의 장에게 주거, 직업, 그 밖에 대통령령으로 정하는 사항을 신고하여야 한다. 법 제8조 참조. 이 밖에 다른 법률에서도 보호관찰·사회봉사명령·수강명령·전자장치 부착명령·성충동 약물치료명령 등 사회내처우를 받는 사람들도 똑같이 출소 또는 고지를 받은 날부터 10일 이내에 대상자의 주거지를 관할하는 보호관찰소에 서면으로 신고하여야 한다.

문11. 정답 ②
②(×) 비시설수용(deinstitutionalization)은 구금으로 인한 폐해를 막고자 성인교도소나 소년 전담시설 등 교정·보호시설에 별도로 수용하지 않고, 지역사회에서 지내면서 처우를 받도록 하는 것을 의미한다. 그래서 사회 내 처우 또는 지역사회교정이라고도 부른다.

문12. 정답 ①

①(○) 법원은 치료감호사건을 심리하여 그 청구가 이유 없다고 인정할 때 또는 피고사건에 대하여 심신상실 외의 사유로 무죄를 선고하거나 사형을 선고할 때에는 판결로써 청구기각을 선고하여야 한다. 제12조 1항 참조.
②(×) 근로에 종사하는 피치료감호자에게는 근로의욕을 북돋우고 석방 후 사회정착에 도움이 될 수 있도록 법무부 장관이 정하는 바에 따라 작업장려금을 <u>지급하여야 한다</u>. 법 제29조 참조.
③(×) 치료감호심의위원회는 치료감호만을 선고받은 피치료감호자에 대한 집행이 시작된 후 <u>1년</u>이 지났을 때에는 상당한 기간을 정하여 그의 법정대리인, 배우자, 직계친족, 형제자매에게 치료감호시설 외에서의 치료를 위탁할 수 있다. 법 제23조 참조.

> 제23조(치료의 위탁) ① 치료감호심의위원회는 치료감호만을 선고받은 피치료감호자에 대한 집행이 시작된 후 <u>1년이 지났을 때</u>에는 상당한 기간을 정하여 그의 법정대리인, 배우자, 직계친족, 형제자매에게 치료감호시설 외에서의 치료를 위탁할 수 있다.
> ② 치료감호심의위원회는 치료감호와 형이 **병과되어 형기에 상당하는 치료감호를 집행받은** 자에 대하여는 상당한 기간을 정하여 그 법정대리인 등에게 치료감호시설 외에서의 치료를 위탁할 수 있다.
> 제22조(가종료 등의 심사·결정) 치료감호심의위원회는 피치료감호자에 대하여 치료감호 집행을 시작한 후 <u>매 6개월마다</u> 치료감호의 종료 또는 가종료 여부를 심사·결정하고, 가종료 또는 치료위탁된 피치료감호자에 대하여는 가종료 또는 치료위탁 후 <u>매 6개월마다</u> 종료 여부를 심사·결정한다.

④(×) 살인죄의 죄를 범한 자의 치료감호 기간을 연장하는 신청에 대한 **검사의 청구**는 치료감호기간 또는 치료감호가 연장된 기간이 종료하기 <u>6개월 전까지</u> 하여야 한다. 이에 따른 **법원의 연장 결정**은 연장된 기간이 종료하기 <u>3개월 전까지</u> 하여야 한다. 법 제16조 5항 및 6항 참조.

문13. 정답 ④

④(×) 검사가 소년부에 송치한 사건을 **소년부**는 송치 요건에 해당하면, <u>다시 해당 검찰청 검사에게 송치할 수 있다</u>. 법 제7조 참조.
③(○) 소년이 법정형으로 **장기 2년 이상의 유기형**에 해당하는 죄를 범한 경우에는 <u>그 형의 범위에서 장기와 단기를 정하여 선고한다</u>. 다만, 단기는 5년, 장기는 10년을 초과하지 못한다. 법 제60조 1항 참조.

문14. 정답 ③
③(○) 보호장비는 절대로 징벌의 수단으로 사용되어서는 아니 된다. 법 제14조의 2 제7항.
①(×) 보호소년 등은 남성과 여성, 보호소년과 위탁소년 및 유치소년 등의 기준에 따라 분리 수용한다. '16세 미만인 자와 16세 이상인 자' 분리 수용 사유에서 삭제되었다.
②(×) 보호소년 등이 규율 위반행위를 하여 14세 이상의 소년에게 20일 이내의 기간 동안 지정된 실(室) 안에서 근신하는 징계를 받게 한 경우에는 그 기간 중 텔레비전 시청 제한 · 단체 체육활동 정지 · 공동행사 참가 정지가 함께 부과된다. 원내 봉사활동 · 훈계 · 서면 사과는 함께 부과되지 않는다. 법 제15조 5항 참조.
④(×) 소년원 또는 소년분류심사원에서 보호소년 등이 사용하는 목욕탕, 세면실 및 화장실에는 '자해 등의 우려가 큰 때에만' 전자영상장비를 설치할 수 있다. 또한 감호할 때 같은 성을 가진 소속 공무원만이 감호에 참여하여야 한다. 법 제14조의 3 참조.

문15. 정답 ②
②(×) 7일 이내(×) → 10일 이내(○). 치료명령을 받은 사람은 형의 집행이 종료되거나 면제 · 가석방 또는 치료감호의 집행이 종료 · 가종료 또는 치료 위탁되는 날부터 10일 이내에 주거지를 관할하는 보호관찰소에 출석하여 서면으로 신고하여야 한다. 법 제15조 2항 참조.

문16. 정답 ①
①(×) 형벌법령에 저촉되는 행위를 한 10세 이상 14세 미만의 촉법소년이나 우범소년에 대하여는 경찰서장은 직접 관할 소년부에 송치하여야 한다. 그러나 범죄소년은 검사에게 송치하여야 한다. 법 제4조 2항 참조.

문17. 정답 ③
③(×) 인간은 자신의 행동을 합리적 · 경제적으로 계산하여 결정하기 때문에 자의적이고 불명확한 법률은 이러한 합리적 계산을 불가능하게 하여 범죄억제에 좋지 않다고 본 것은 자유의지론(비결정론)에 바탕을 둔 고전주의 학파에 해당한다. 실증주의 학파는 자유의지론을 부정하고 결정론적 견해를 취한다.

문18. 정답 ④

④(○) 피치료감호자의 텔레비전 시청, 라디오 청취, 신문·도서의 열람은 일과시간이나 취침시간 등을 제외하고는 자유롭게 보장된다. 법 제27조 참조.
①(×) 마약·향정신성의약품·대마, 그 밖에 남용되거나 해독(害毒)을 끼칠 우려가 있는 물질이나 알코올을 식음(食飮)·섭취·흡입·흡연 또는 주입받는 습벽이 있거나 그에 중독된 자가 금고 이상의 형에 해당하는 죄를 범하여 치료감호의 선고를 받은 경우 치료감호시설 수용 기간은 2년을 초과할 수 없다. 법 제16조 참조.
②(×) 구속영장에 의하여 구속된 피의자에 대하여 검사가 공소를 제기하지 아니하는 결정을 하고 치료감호 청구만을 하는 때에는 그 **구속영장**의 효력이 당연히 소멸되지 않고 치료감호영장으로 보므로, 검사는 법원으로부터 치료감호영장을 새로이 발부받을 필요가 없다. 법 제8조 참조.
③(×) 치료감호와 형(刑)이 병과(併科)된 경우에는 치료감호를 먼저 집행하며, 이 경우 치료감호의 집행기간은 당연히 형 집행기간에 포함된다. 이는 **대체주의**에 바탕을 두고 있다. 법 제18조 참조.

문19. 정답 ③

ⓒ(×) 보호자 또는 보호자를 대신하여 소년을 보호할 수 있는 자에게 감호 위탁하는 기간은 6개월로 하되, 소년부 판사는 **직권적** 결정으로써 6개월의 범위에서 한 번에 한하여 그 기간을 연장할 수 있다. 따라서 최장 기간은 12개월이다. '소년보호시설의 감호위탁'과 병원·요양소·의료재활소년원에 위탁도 같다. 다만, 소년부 판사는 필요한 경우에는 언제든지 결정으로써 그 위탁을 종료시킬 수 있다. 법 제33조 1항 참조.
ⓔ(×) 단기로 소년원에 송치된 소년의 보호기간은 6개월을 초과할 수 없다. 이에 비해 단기 보호관찰기간은 1년으로 한다. 법 제33조 5항 참조.

문20. 정답 ④

①(×) 보호관찰을 조건으로 한 형의 **선고유예**가 실효되거나 **집행유예**가 실효 또는 취소되면 보호관찰은 종료된다. 법 제51조 1항 참조.
②(×) 임시퇴원된 보호소년이 보호관찰이 정지된 상태에서 21세가 된다해도 보호관찰이 종료되지 않는다. 보호관찰이 정지된 상태에서 임시퇴원된 자가 22세가 된 때 보호관찰이 종료된다. 법 제51조 1항 제6호 참조.
③(×) 보호관찰 대상자는 보호관찰이 임시해제된 기간 중에는 그 준수사항은 **계속하여 지켜야 한다**. 법 제52조 2항 참조.
④(○) 보호관찰의 임시해제 결정이 취소된 경우에도 임시해제 기간 중에도 준수사항을 지키도록 규정하고 있으므로 이를 감안하여 그 임시해제 기간을 보호관찰 기간에 포함한다. 법 제52조 4항 참조.

제10회 보호직 동형 모의고사 정답 및 해설

1	2	3	4	5	6	7	8	9	10
③	③	②	②	④	①	③	①	①	④
11	12	13	14	15	16	17	18	19	20
②	④	④	③	②	④	③	③	④	①

문1. 정답 ③
②(O) 부정기형은 절대적 부정기형과 상대적 부정기형으로 나눌 수 있는데, 절대적 부정기형은 죄형법정주의의 원칙에 반하는 제도라 할 수 있다.
③(×) 형벌개별화원칙에 부합하는 형벌이다. 형법이론으로 목적형 내지 교육형주의, 특별예방주의, 주관주의 및 사회적 책임론을 주장하는 견해에 따르면 형벌의 경중은 객관적인 범죄사실보다도 범죄인의 반사회적 위험성에 따라 정해야 한다고 한다. 이에 따르면 형벌의 개별화를 위한 당연한 귀결로서 부정기형을 인정할 수 있게 된다.

문2. 정답 ③
①,②는 서로 뒤바뀐 설명이다.
①(×) 정신분석 이론에서 범죄자의 성장 배경·가족생활·인성·태도·범행 동기나 이유 등에 대한 심리분석적 탐구는 특정 범죄자의 심리 및 범행의 원인을 이해하는 데 많은 기여를 하고 있다.
②(×) 행동주의 이론은 특정한 행동을 수행할 때에 벌을 제공할 경우 해당 행동의 빈도를 감소시킬 수 있으므로 범죄행위를 조절할 수 있다고 주장한다.
④(×) 아이젠크는 신경계적 특성과 성격 특성 및 범죄 행동 간의 관련성을 정신병적 경향성, 외향성, 신경증 등 성격의 3가지 차원으로 설명하였다.

문3. 정답 ②
②(×) 벌금 또는 과료(×) → 벌금(O). 벌금과 과료는 판결 확정일로부터 30일 내에 납입하여야 한다. 단, 벌금을 선고할 때에는 동시에 그 금액을 완납할 때까지 노역장에 유치할 것을 명할 수 있다. 그러나 **과료**를 선고할 때에는 동시에 그 금액을 완납할 때까지 노역장에 유치할 것을 명할 수 없다. 「형법」 제69조 1항 참조.

문4. 정답 ②
②(×) 제1심(×) → 항소심(○)
검사는 공소를 제기하면서 치료감호를 동시에 청구해야 하는 것은 아니고, 공소 제기한 사건의 **항소심 변론 종결 시까지**는 심리 도중에도 치료감호를 청구할 수 있다. 법 제4조 5항 참조.

문5. 정답 ④
①(○) 검사는 강도 범죄로 징역형의 실형을 선고받은 사람이 그 집행을 <u>종료한 후 10년까지</u> 다시 강도 범죄를 저지른 경우에는 청구할 수 있다. 법 제5조 4항 참조.
②(○) 전자장치 피부착자가 7일 이상 국내여행을 하거나 출국할 때에는 미리 보호관찰관의 허가를 받아야 한다. 법 제14조 3항 참조.
③(○) 보호관찰소의 장 또는 피부착자 및 그 법정대리인은 해당 보호관찰소를 관할하는 보호관찰심사위원회에 부착명령의 임시해제를 신청할 수 있으며, 이 신청은 부착명령의 집행이 개시된 날부터 3개월이 경과한 후에 하여야 한다. 법 제17조 참조.
④(×) 만 19세 미만의 자에 대해서도 부착명령을 <u>선고할 수는 있지만</u>, 19세가 되기 전까지는 선고받은 부착명령을 <u>집행할 수 없다</u>. 법 제4조 참조.

문6. 정답 ①
①(×) 신체형은 채택하고 있지 않다.
②(○) 몰수는 **독립적인 형벌이 아니라** 원칙적으로 주형에 대한 **부가형**으로 선고된다. 벌금형은 일수벌금형제는 채택하지 않고 **총액벌금형제**만 인정된다. 벌금형에 대해서는 **선고유예**뿐 아니라 **집행유예**도 인정하고 있다.
③(○) 「사면법」 제5조 참조.
④(○) 「사면법」 제7조 참조.

문7. 정답 ③

③(○) 범죄나 비행은 긴장의 필연적인 결과는 아니며 긴장을 경험하는 일부만이 범죄나 비행에 의존한다. 긴장의 대응은 불법적인 결과뿐만 아니라 합법적 결과를 야기할 수도 있다. 이것은 긴장에 대한 개인의 반응에 영향을 미치는 조건화 요인이 있다는 것을 의미한다. 조건화 요인으로는 위협 받는 가치·목표·정체성에 대하여 개인이 부여하는 중요성, 개인의 대응 기술, 돈·자부심·사회적 지지·사회통제 수준·비행을 범하거나 범하지 않는 동료와의 교제와 같이 개인에게 이용될 수 있는 자원, 대안적인 가치·목표·정체성에 대한 개인의 접근, 지능 및 문제 해결 기술과 같이 개인에게 이용될 수 있는 대응 기술 등이 있다. 이러한 조건화 요인은 긴장에 대한 개인의 대응에 크게 영향을 미치는 내적 또는 외적 억제를 구성한다. 긴장은 비행이나 범죄를 저지르도록 하는 압력으로 작용하기는 하지만, 사람이 이러한 압력에 대응하는 방법은 여러 가지가 있기 때문에 긴장을 경험하는 일부만이 범죄나 비행에 의존한다.
①(×) 메스너와 로젠펠드(×) → 애그뉴(○).
②(×) 일반긴장이론은 긴장 개념을 확대하였는데, 목표와 수간 간의 괴리로 인한 긴장을 넘어서 목표 달성의 실패, 긍정적으로 가치 있는 자극의 상실, 부정적 자극의 생성을 긴장의 원인으로 보았다. 애그뉴의 일반긴장이론은 개인적·미시적 수준에서 긴장을 느끼는 개인이 범죄를 저지르는 이유를 설명하는 데 초점을 맞추고 있으므로 계층에 따라서 범죄율이 달라지는 이유를 잘 설명하기 어렵다.
④(×) 일반긴장이론에 따르면, 높은 부정적 정서와 낮은 억제력을 갖고 있는 청소년은 긴장을 비행이나 범죄를 통해 해소시킬 가능성이 높다.

문8. 정답 ①

①(×) 특별예방에는 부합하지 않으나, 일반예방이나 응보주의 및 정의 이념과는 부합한다.
④(○) 사형확정자에 대하여 원칙적으로 일정한 기간 동안 그 집행을 연기하면서 그 사람의 개선효과를 재평가하여 무기형으로 집행할 수 있도록 하는 사형집행연기 제도의 도입이 논의되고 있다. 이 제도는 중국형법에 '사완(死緩)제도'라는 용어로 제도화되어 있다.

문9. 정답 ①

②(×) 힌들랑(Hindelang), 갓프레드슨(Gottfredson) 등의 생활양식이론은 원래 폭력범죄 등 대인범죄를 설명하고자 시도하였으나 점차로 재산범죄의 피해 위험성의 차이를 설명하는 데까지 확대되었다.
③(×) 사람은 자신만의 생활양식을 가지고 있고 생활양식의 특성에 따라 범죄피해를 당할 가능성이 달라지는데, 일반적으로 선량한 사람·젊은 사람·남성·미혼자·가난한 사람이 일탈적인 사람·노인층·여성·기혼자·고소득층보다 범죄피해의 위험성이 더 높다.
④(×) 스타크(Stark)의 일탈 장소 이론은 피해자가 범죄를 유발·조장하는 것이 아니라, 피해자 자신의 행위나 생활양식과 무관하게 잠재적 범죄자와 접촉하게 될 위험성을 많이 내포되어 있는 해체된 지역이나 범죄다발지역에서 거주하기 때문에 피해자가 되는 경향이 많다고 설명한다. 즉, 이웃의 범죄 수준이 피해 가능성을 설명하는 데 있어서 개인적인 특성보다 더 중요할 수도 있다고 한다. 이에 따르면 잠재적 피해자가 위험한 장소를 더 자주 방문할수록 범죄나 폭력에 노출될 가능성이 그만큼 높아진다.

문10. 정답 ④

④ 갓프레드슨과 허쉬는 사람의 **자기통제력**은 <u>8세까지 형성되어 일생 동안 안정적으로 유지된다고 보고 있다</u>. 그러므로 청소년기의 성장환경요인이나 성인기의 인생 전환점은 크게 중요하지 않다고 보고 있고, 교정기관에서의 심리치료나 재사회화를 위한 처우도 재범 방지를 위한 교정교화 방법으로 효과가 크지 않다고 본다.

문11. 정답 ②

㉠은 **모피트의 범죄발달 유형 분류체계(범죄인 유형론)**이다. 그녀는 **청소년기(사춘기) 한정형**과 **생애 지속형** 범죄자를 구분하였다. 이는 '**지속 또는 변화이론**' 개념과 같다. 그녀에 따르면, 대부분의 범죄자는 **청소년기(사춘기) 한정형**이라고 한다.

㉡은 샘슨과 라웁(롭)의 생애과정이론인 '연령단계에 따른 비공식적 사회통제이론'으로서, '지속 그리고 변화이론'을 대표한다.

패터슨은 비행청소년이 되어가는 경로에 따라 범죄자 유형을 '조기 개시-지속자'와 '만기(후기) 개시 -중단자' 유형으로 구분하였다.

문12. 정답 ④

④(×) 콜버그는 인간의 도덕발달과정이 **전 관습적 단계, 관습(인습)적 단계, 후 관습적 단계** 수준으로 발달하며, 각 단계 수준은 2단계로 세분된다고 하였다. **일반인**은 중간 정도로 높은 도덕 발달 단계인 인습적 수준인 3단계(대인 간 기대 단계·착한 소년/소녀 단계)와 4단계(사회시스템 도덕 단계·법과 질서유지 단계)의 도덕 발달에 이른다.

범죄자는 도덕적 추론이 가장 낮은 단계인 **전(前) 인습적** 도덕적 사고 수준인 **1단계**(타율적 도덕 단계·처벌과 복종 단계)와 2단계(개인주의 단계·도구적 상대주의 단계)에서 도덕적 발달이 머물고 있다.

문13. 정답 ④

①(×) 활동적이고, 공격적이며, 폭력적 면모를 가진다고 주장한 것은 **중배엽형**이다.

②(×) **고링**(Goring)은 수형자와 일반사회인에 대한 비교 연구를 통해 <u>환경보다는</u> 유전소질의 역할이 결정적이라고 주장하였다.

③(×) 초남성(supermale)으로 불리는 성염색체는 <u>XXY가 아니라 XYY</u> 성염색이다. 또한 그러한 특성도 오늘날에는 인정받지 못하고 있다.

④(○) ⇔ 연상암기법 : 쥬덕의 고칼로리는 가계연구이다. <u>고더드의 칼리카크가의 연구, 덕데일의 쥬크가의 연구</u>

문14. 정답 ③

③ **생태학적 범죄이론**은 비행·우범지역 안에 있으면서도 비행을 행하지 않는 대다수 청소년들에 대한 설명을 하기 어렵고, 동시에 비행·우범지역 밖에서도 비행·범죄가 발생하는 것에 대해서도 설명하기 어렵다. 그러므로 초기 시카고학파의 학자들은 지역사회수준의 연구결과를 개인의 행동에 적용하는 생태학적 오류(ecological fallacy) 문제가 나타난다는 비판을 받는다. '**생태학적 오류**'란 거시적·집단적 수준의 연구 결과는 거시적·집단적 수준에서 해석·적용되어야 하는데, 거시적·집단적 수준의 연구 결과를 부주의하게 개인적·미시적 수준에 적용하는 추론상의 오류를 말한다. 사회해체이론에 대한 비판적 관점에서는 생태학적 상관관계를 알 수 있다고 해서 그것이 개인의 행동과 관련된 예측을 하는 데 있어서 일반적 근거로 사용할 수 없다는 비판이다.

문15. 정답 ②

② 「소년법」상 조건부 기소유예는 금고형 이하의 범죄이거나 죄질이 경미한 비행소년에게 제한하여 할 수 있는 것은 아니고, 검사가 피의자에게 선도 등을 받게 하는 조건으로 해당 소년과 소년의 친권자·후견인 등 법정대리인의 동의를 받아 할 수 있다. 법 제49조의 3 참조.

문16. 정답 ④

ⓒ(×) 소년분류심사원에 위탁하는 처분, **보석**, **구속적부심사**는 형사절차를 종결시키는 것이 아니므로 다이버전으로 볼 수 없다.

문17. 정답 ③

ⓒ ×. 애그뉴의 일반 긴장(압박)이론은 긴장수준을 개인적 수준의 긴장으로까지 확대하여 머튼의 아노미 이론을 전 계층에 대한 범죄동기를 설명할 수 있도록 아노미의 적용 범위를 확장시켰다. 다시 말해, 머튼의 아노미이론이나 코헨의 비행적 하위문화이론, 클로워드와 올린의 차별적 기회구조이론 및 메스너와 로젠펠드의 제도적 아노미이론 등 전통적 긴장(압박)이론들은 거시적 수준의 긴장이론이므로 하위계층이나 제도적 힘의 불균형을 겪는 사람들의 집단에 적용하는 긴장이론이다. 그러나 **애그뉴의 일반 긴장이론**은 하위계층의 범죄·비행뿐만이 아니라 다양한 사람들의 범죄·비행을 설명할 수 있도록 미시적 수준의 아노미이론으로 **확장**한 것이다.

ⓔ(×) 부정적 자극의 발생(presentation of negative stimuli)은 가정폭력·범죄피해·아동학대 등 좋지 않은 일이 발생하는 것이 대표적 예이고, 부모의 사망 등 가족의 죽음·이혼·전학 등은 **긍정적 자극의 소멸**의 대표적 사례이다. 그 밖에 '목표 달성의 실패', '기대와 성취의 괴리'를 범죄를 유발하는 긴장의 원인이라고 주장한다.

문18. 정답 ③

③(×) 범죄통제모델(×) → 사회복귀모델(○). **사회복귀모델**은 롬브로조(C. Lombroso)의 생물학적 결정론과 같은 결정론적 실증주의이론에 근거하는 모델로서 임상적 치료를 통해 개선하는 방법을 강조한다.
④(○) **환경공학적 범죄통제모델**은 궁극적인 범죄방지는 형벌을 통한 억제나 특별예방이 아니라 환경의 개선을 통하여 실현된다고 주장한다.

문19. 정답 ④

①(×) 소년원장은 보호소년을 다른 소년원으로 이송하는 것이 적당하다고 인정하면 법무부장관의 허가를 받아 이송할 수 있다. 법 제12조 1항 참조.
②(×) 소년원장은 14세 미만의 보호소년에게는 지정된 실(室) 안에서 근신하게 하는 징계를 할 수 없다. '20일 이내의 공동행사 참가 정지'는 연령 제한이 명시되어 있지 않으므로 10세 이상 19세 미만의 보호소년에게 적용할 수 있다. 법 제15조 3항 참조.
③(×) 변호인이나 보호자 등(×) → 변호인 등(○). 보호소년 등이 **변호인 등**과 면회할 때에는 소속 공무원이 참석하지 아니한다. 다만, 보이는 거리에서 **보호소년** 등을 지켜볼 수 있다. 법 제18조 3항 참조.

문20. 정답 ①

ⓒ과 ㉢을 헷갈리도록 하는 함정패턴이다.
ⓒ **퀴니(Quinney)**는 자본가들의 지배에 대항하는 **노동자계급**의 범죄 형태를 **저항(대항)** 범죄(crime of resistance)라고 정의하였고, 자신의 생존이나 이익을 위해 절도·강도·살인 등을 저지르는 것을 **적응(화해)** 범죄라고 정의하였다. 또한 **자본가 계급의 범죄**를 '지배와 억압의 범죄'로 정의하고 **기업(경제) 범죄, 통제 범죄, 정부 범죄**로 구분하였다.
㉢ **터크(Turk)**는 법이 집행되는 과정에서 특정한 집단의 구성원이 범죄자로 규정되는 과정에 주목하였다. 터크도 다른 보수적 갈등이론가들과 마찬가지로 권력에 대한 집단 간의 갈등이 범죄의 주요 원인이라고 보았다. 터크는 사회의 권력구조를 다른 집단에게 자기 집단의 문화적 규범이나 행동양식을 강제할 수 있는 권력을 가진 '지배집단'과 그렇지 못한 '피지배집단'으로 구분하였다. 터크는 집단 간의 갈등의 원인은 사회를 통제할 수 있는 권력을 추구하는 데 있다고 보고, 법률을 다른 사람에게 통제를 계속 유지하려는 지배집단의 강력한 도구로 보았다. 터크의 '**범죄화론**'에서 '**범죄화**'는 범죄자에 대한 낙인과정이며, 법률 위반 행동 그 이상의 과정을 요구하는 것을 뜻한다. **범죄화**는 단순히 객관적인 법률 위반 행동에 의해서만 규정되는 것이 아니라, 법 집행자와 법률을 위반한 사람으로 추정된 사람 간의 상호작용의 결과이다. 그는 지배집단과 피지배집단 사이의 갈등에 영향을 주는 조건을 바탕으로 **피지배집단의 범죄화를 촉진하는 세 가지 조건**으로 1) 피지배집단의 행위가 법 집행자에 대해 갖는 의미, 2) 법 집행자와 저항자 사이의 상대적 권력관계, 3) 갈등에서 승리하기 위한 노력의 현실성에 따른 '갈등 운명'을 제시하였다.

저자 김옥현 약력

고려대학교 법과대학 법학과 졸업
30년간 사법시험 범죄학(형사정책) 1위강사
20년간 교정직 교정학 1위강사
전) 교정직 공무원 교정학 공단기 학원 전임
현) 프라임 법학원 경위공채 범죄학 전임
현) 프라임 스파르타 경찰학원 경찰행정 경채 범죄학 전임

보호직 동형 모의고사

인 쇄 | 2024년 2월 15일
발 행 | 2024년 2월 20일

편저자 | 김옥현
발행인 | 김연지
발행처 | 도서출판 연(淵)

주소 | 경기도 남양주시 호평로 33 1105호
출판등록 | 제339-2022-000015호
대표전화 | 010-2386-4207
FAX | 031-559-3151

ISBN 979-11-983078-4-2

값 : 20,000원

본서의 무단 전제, 복제 행위는 저작권법에 의거하여 5년 이하의 징역 또는 5천만원 이하의 벌금에 처거나 이를 병과할 수 있습니다.
저자와의 협의하에 인지를 생략합니다.